青春期，这样跟女孩沟通更有效

胜林 ◎ 编著

中国纺织出版社有限公司

内 容 提 要

父母是女孩的第一任教师，在女孩的成长和教育中起着重要的作用。而青春期是女孩成长的关键期，亲子沟通顺畅与否是决定女孩对自我认同统一性的关键。这一阶段的女孩需要更多的耐心和爱，更多的鼓励和支持。

本书主要剖析了青春期女孩的身心特点以及成长规律，梳理出父母与女孩沟通中可能出现的种种问题，并提供了相应的沟通策略及技巧，从而解决沟通障碍，拉近亲子之间的距离，帮助女孩顺利度过青春期。

图书在版编目（CIP）数据

青春期，这样跟女孩沟通更有效 / 胜林编著. -- 北京：中国纺织出版社有限公司，2024.4
ISBN 978-7-5229-0310-1

Ⅰ.①青… Ⅱ.①胜… Ⅲ.①女性—青春期—家庭教育 Ⅳ.①G782

中国国家版本馆CIP数据核字（2023）第019017号

责任编辑：刘桐妍　　责任校对：高　涵　　责任印制：储志伟

中国纺织出版社有限公司出版发行
地址：北京市朝阳区百子湾东里A407号楼　邮政编码：100124
销售电话：010—67004422　传真：010—87155801
http://www.c-textilep.com
中国纺织出版社天猫旗舰店
官方微博 http://weibo.com/2119887771
鸿博睿特（天津）印刷科技有限公司印刷　各地新华书店经销
2024年4月第1版第1次印刷
开本：710×1000　1/16　印张：14
字数：133千字　定价：49.80元

凡购本书，如有缺页、倒页、脱页，由本社图书营销中心调换

前 言

青春期是每一个女孩成长过程中必须经历的一个特殊阶段。在这一阶段，女孩思维、性格初步确立，人生观、价值观也初具雏形，同时她的个性开始表现出独立，讨厌被管束，一旦父母有哪里没让她满意，她就会发脾气，经常表现出对父母的厌恶和憎恨。但是，父母并不会理会女孩的叛逆个性，开始盲目与女孩沟通，最终导致亲子关系紧张。

青春期，往往来得比较凶猛，让父母有些措手不及。这是女孩成长阶段的一个重要转折点，也是最容易有叛逆心理的阶段。女孩以前乖巧、懂事、听话，但到了青春期期，就会变得叛逆，面对这样的情况，父母总会抱怨："孩子越长越大，跟我说话却越来越少。"那么，如何与青春期女孩有效沟通呢？

和青春期女孩沟通，要先学会接纳孩子，这是顺畅沟通的前提。在与孩子相处过程中，注意接收并解读孩子传达出的各种信息，并根据这些信息做出合适的反应。同时，采取鼓励的方式与女孩沟通，这样容易调动女孩的积极性，也能够把握住孩子思想、行动的方向。

和青春期女孩沟通，最重要的就是信任。放低姿态，坦诚自我，切忌总是以高高在上、不可侵犯的权威形象出现，习惯用"你不能做""你应该做"的话语来告诫孩子，这种强硬的命令式口吻往往会给孩子一种压迫感，从而感受不到任何尊重。所以，父母要想和孩子建立融洽的亲子关系，就需要以开放、民主、自由的态度与孩子交流，如聊聊自己的经历、问问孩子的近况，与孩子成为朋友，展现一个真实的、不完美的、可亲近的父母形象。

和青春期女孩沟通，还需要有技巧。面对曾经乖巧、现在叛逆的女孩，父母可以用积极的鼓励和表扬来减少女孩犯错的可能，将以往的控制教育转为适度的赏识教育，从细节处发现女孩的闪光点，说话语气要以维护女儿自尊心为出发点。学会倾听，少唠叨，给予女孩克服困难的勇气，认可并支持她的观点。当然，父母千万不要把"都是为了你好"挂在嘴边，而是学会征求女孩的想法，敢于承认自己的错误，同时留给女孩申辩的机会。当女孩处于青春期，也是父母需要学习的关键期。这一时期，父母更需要注意沟通技巧，采取正面的交流方式来缓和及促进亲子关系。

编著者

2022年7月

目 录

注意沟通技巧，别让青春期女孩产生逆反心理

- 为女孩留出私人的独立空间　　　　　　　　　　003
- 别把自己的意愿强加给孩子　　　　　　　　　　007
- 给予女孩成长的自由　　　　　　　　　　　　　010
- 对女孩要少命令多交流　　　　　　　　　　　　013
- 尊重青春期女孩的隐私权　　　　　　　　　　　017

注意沟通态度，有效拉近与青春期女孩的心理距离

- 别总是采取权威压制女孩　　　　　　　　　　　023
- 克服代沟，与女孩进行畅通无阻的交流　　　　　026
- 适时对青春期女孩进行赏识教育　　　　　　　　030
- 善用非语言与青春期女孩进行沟通　　　　　　　034
- 适度批评，保护孩子的自尊心　　　　　　　　　038

3

学会认真倾听，才更容易打开青春期女孩的心扉

- 和女孩成为最好的朋友　　　　　　　　045
- 认真倾听女孩内心的声音　　　　　　　049
- 不妨与孩子讲讲自己的经历　　　　　　053
- 与青春期女孩沟通，少说多听　　　　　056
- 学会理解青春期女孩的心理　　　　　　060

4

了解叛逆心理，与青春期女孩进行顺畅沟通

- 青春期女孩自我意识开始形成　　　　　065
- 脾气大又任性的大小姐　　　　　　　　068
- 青春期是女孩的反抗期　　　　　　　　071
- 青春期女孩为什么喜欢顶嘴　　　　　　075
- 青春期女孩不愿听从管教　　　　　　　078

5

解读叛逆行为，真正了解青春期女孩内心世界

- 引导孩子克服胆怯心理　　　　　　　　085
- 引导孩子缓解紧张的情绪　　　　　　　089
- 轻轻打开孤独女孩的心扉　　　　　　　092
- 别做喜欢嫉妒的少女　　　　　　　　　095

6 关注情绪变化，引导青春期女孩心向阳光

- 青春期女孩的学习焦虑症　　　　　　　　　101
- 青春期女孩迷茫，不知前进的方向　　　　　105
- 青春期女孩情绪容易不稳定　　　　　　　　109
- 青春期女孩总是静不下心来　　　　　　　　113

7 理解敏感心理，培养女孩良好的心理承受能力

- 父母的鼓励是培养女孩自信心的第一步　　　119
- 引导女孩缓解排名的压力　　　　　　　　　123
- 允许女孩失败，她才能够更成功　　　　　　126
- 让女孩学会坦然接受挫折　　　　　　　　　130
- 温柔而坚定地矫正女孩的错误　　　　　　　133

8 破解学习难题，引导青春期女孩学得更好

- 告诉女孩尽可能适应老师　　　　　　　　　139
- 帮助女孩找到最适合自己的学习方法　　　　142
- 如何改善青春期女孩的厌学现象　　　　　　146
- 课上做好笔记，才能提升听课效率　　　　　150
- 引导女孩养成预习和复习的习惯　　　　　　154

9 择友与交友，引导青春期女孩建立良好的人际关系

- 让女孩懂得为他人着想　　　　　　　　　　161
- 正确引导，培养女孩的社交能力　　　　　　164
- 教会女孩学会礼貌地拒绝别人　　　　　　　168
- 教会女孩与老师保持融洽关系　　　　　　　172

10 了解生理变化，引导青春期女孩保持生理心理健康

- 引导青春期女孩正视身体变化　　　　　　　179
- 父母如何给女孩正确的性教育　　　　　　　183
- 正确应对青春期女孩的"早恋"　　　　　　187
- 帮助女孩走出失恋的阴影　　　　　　　　　191
- 指导青春期女孩如何拒绝求爱　　　　　　　194

11 追星与时尚，教会青春期女孩正确认识个性美

- 正确看待女孩对奇装异服的喜爱　　　　　　201
- 帮助青春期女孩改变攀比的习惯　　　　　　205
- 引导青春期女孩正确认识"美"　　　　　　209
- 青春期女孩最好别穿高跟鞋　　　　　　　　212

参考文献　　215

① 注意沟通技巧，别让青春期女孩产生逆反心理

到了青春期后，随着身体上的巨大变化和学习压力的增大，女孩渴望有个倾诉心事的对象，但一些父母似乎只关心女儿的学习，或只希望女儿按照自己的想法做事，让女孩觉得缺少倾诉和沟通空间，于是，她们宁愿把心事写在日记里也不愿意向父母求助。实际上，只要我们能从女孩的角度考虑，理解青春期的女孩，给她们鼓励和平等对话的权利，女儿是愿意向我们打开心门的！

 ■ 为女孩留出私人的独立空间

> **家长的烦恼**
>
> 小娴从小就喜欢表演，到了初中的时候，学校有个表演兴趣班，她参加了，平时一有时间，她就钻研表演这门艺术，但她的父母则明文规定，要好好学习，不要想其他的，放学后必须做多少作业和练习，这让小娴很不高兴。于是，放学后她就尽量不回家，或去和她有相同兴趣的同学家，或者就在学校。不过说也奇怪，小娴在这方面确实很有天赋，在那年市青少年文艺大赛上，小娴居然获奖了，这让她的父母大吃一惊，并重新认识了孩子"爱表演"这一情况。但小娴却不领情了，她用自己的奖金买了一些表演书籍，还有播音设备等，从此一放学就把自己关在房间里。有时候，父母为了"讨好"她，主动问她在学校兴趣班的事，她也不理睬。
>
> 有一次，父亲听老师说小娴又得奖了，便想看看女儿的成果。这天，他看见女儿的房门没关，就想进去看看奖状，结果他却听到女儿在身后吼了一声："谁让你动我的东西？"因为自己理亏，父亲也没说什么。不过，从那以后，小娴的房门上就多了一把锁。

 心理分析

　　小娴为什么不愿意和父母分享自己的个人爱好与努力成果呢？很简单，因为父母曾经否定过她的爱好。面对孩子喜欢表演的情况，小娴父母的处理方式不太恰当，女孩有自己的兴趣爱好，家长应予以正确的引导和鼓励，不能以一成不变、简单粗暴的方式来约束她，而是应该突破传统教育的固定模式，家庭教育也需要与时俱进。

　　生活中，可能很多家长都遇到过这样的情况：女儿一上初中，似乎一夜之间变了一个人，以前哪怕是周末，也吵着让父母带自己去游乐园，和父母一起画沙滩画，一起吃冰激凌……和父母分享一切。可现在，卧室抽屉上了锁，房门上了锁，她开始喜欢一个人玩游戏，一个人看电影，有些女孩甚至认为和父母逛街是一件丢人的事……这些女孩为什么突然变得冷漠、自私？

　　其实，女孩不愿同父母分享，也并非全是孩子的问题。处于青春期的她们渴望独立，她们更希望父母能理解自己、支持自己、尊重自己，但作为父母，如果单单认为孩子的这些行为不可理喻或者强行干预等，就会导致孩子离你越来越远。孩子要的是父母体会与了解她的感觉，许多父母抱怨他们的女儿不跟他们讨论心中的问题，其实孩子会以试探和犹疑的口吻提出问题来，只是这种心意常被父母一贯传统的反应（如训诫、说教、讽刺等）给打消了。

 专家建议

　　1.尊重女儿的个性发展，鼓励女儿做自己喜欢做的事

　　青春期也是危险期，很多父母都担心女儿走错路，例如，早恋、染上什么

不良的习惯、接触社会上那些"坏"孩子等。有时候，父母越是干预，越是阻止，女儿越是会义无反顾地去做，这就是叛逆的青春期。

其实，父母应该做的，首先就是相信女儿，你要告诉她，无论她选择什么，爸爸妈妈都相信她，但是她也要做出让爸爸妈妈相信的事情，在保证学习不受影响的情况下，爸爸妈妈允许她交朋友。

2.学会引导和参与女儿的爱好

有个母亲的做法就很好，她发现自己的女儿很喜欢储蓄，小钱罐里装满了硬币，于是，她就和丈夫商量，每月给女儿一些钱，让女儿管理家里的日常开销。女儿在接受了这一任务后，一下子成了家里的小会计，每天都会因为购买一些日常用品而与父母沟通，和父母的关系也比以前亲密多了。而女儿的学习成绩却并没有因此而受到影响。

可见，我们若想拉近与青春期女孩的心理距离，让女孩乐于跟我们分享，就应该在平时多留意社会的发展和孩子的想法，注意与女孩沟通，在了解了女孩的想法后也多向老师求教，双方配合，合理引导，使女孩的个人爱好与她长远的人生目标衔接上，从而共同促进女孩的健康成长。

3.别总是告诉女孩该怎么做，把主动权交给她

有时候，有些女孩不愿与父母分享，是因为她们认为父母不是贴心的朋友，父母总是以过来人的态度与观点教育她。因此，家长们不要什么事情都认为自己是对的，而女儿永远是错的。其实女孩的成长不是父母告诉她要怎样做，什么样的结果是对的，什么样的结果是错的，而是父母要在女孩成长的过程中引导她，引导女孩去尝试，去钻研，去学习，然后找到适合自己的方法和方向。我们不要一看到女孩出现了误差，就马上跑过去告诉她，你错了，你应该这样，而不应该那样。这样的话，女孩还有动力、还有心思再去思考、再去

摸索吗?

4.对女儿的行为也不可放任自流

和女儿分享她的青春期故事是一个快乐的过程，可是，我们不能什么事情都随了她的愿。这样，女儿也可能会因此而走上歪路，失去控制。这里讲到的这个控制，并不是严格意义上的人身自由的控制，恰当的说法应该是限制。如女孩夜不归宿这件事，父母就要控制，告诉她几点前必须回家，这是规定，是必须要遵守的，不是开玩笑的。

总之，叛逆心理在青春期女孩身上是全方位地表现出来的。作为父母，我们要做的不是阻止与干涉，而是去共同体验、引导，这样孩子才会真心接纳你，听从你的建议！

■ 别把自己的意愿强加给孩子

每个人有自己独立的人生,女孩也是一样,让女孩自己做选择,也有助于强化她的自我意识。让女孩自己做决定,尽管她们会遇到一些挫折,但那些挫折最终和成就一样,让她感觉到自己的生命是丰富多彩的,"更重要的是,这是自己的"。

到了青春期,女孩已经开始形成独立自主的性格,她们希望可以按照自己的想法说话、做事,但不少父母却因为害怕女儿走错路而进行压制,这样做只会让女儿越来越疏远父母。

作为父母的我们,在家庭教育的过程中,如果把自己的意愿投射到女孩身上,往往会事与愿违。例如,很多父母为了让女儿出人头地,常会让女孩学习各种知识、各种技能,但实际上,女孩并不会按照他们的意愿好好地学习。更糟糕的是,她们会和很多青春期的男孩一样产生逆反心理,由从前的乖乖女变成叛逆女孩,对父母封闭内心,导致亲子关系的紧张。

事实上,生活在一个存在多样化选择的时代里,任何人都要有能力做出有根据、负责任的决定。如果你的女儿了解自己的偏好,对自己的偏好充满信心,足以顶住外部的压力,并且能够全面考虑她做出的选择可能给自己及他人带来的后果,她就会做出更加正确的决定。

因此，在与青春期女孩沟通的过程中，我们不要总是将自己的观点强加给女孩。

专家建议

1.鼓励女孩在平时表达自己的想法和感受

一位女孩曾这样自豪地说："有一次数学课，我用一种简单的方法做出了一道复杂的题目，但是老师并不承认我的做法。当我把这件事情告诉爸爸时，爸爸对我说：'女儿，你是对的！'后来，在我的成长中，经常会遇到类似的情况，都是爸爸那次的鼓励给了我继续走下去的勇气！"

2.让女孩根据自己的兴趣选择

我们在帮助女儿做选择时，一定要考虑她的兴趣，兴趣是最好的老师，我们可以给女儿一定的建议，但不能替她拿主意。例如，有的女孩喜欢看科幻小说或漫画，而如果你非让她看科普读物的话，她只会越来越排斥看书。

3.学会体谅女孩的情绪和思维，而不是嘲笑

可能在你看来，女儿是幼稚的，她的想法不可思议，但你千万不能嘲笑她，也不要以自己的思维来要求她，你要允许女儿把自己的观点表达出来。当女儿主动和你谈起她对某件事情的感受和想法时，不要敷衍了事，而应该跟她一起聊聊。

4.要善于称赞女孩

当女儿努力去做了，或做得很好时，家长要立即予以称赞和鼓励，以调动女孩的积极性，增强女孩的自尊心和自信心。但这种鼓励尽量不要以实物的形式，如给女孩买玩具、买好吃的东西等，因为这样容易刺激女孩的虚荣心，时间久了，反而会阻碍她的健康成长。

总之，身为青春期女孩的父母，我们必须认识到，虽然她是你的宝贝女儿，但她也是独立的人，也应该有自己的个性。如果总是把自己的想法强加给女孩，那么，你就无法真正了解孩子的兴趣、爱好、特长在哪里，也会限制孩子的成长。我们不应该把自己的价值观强加给女儿，而是应该学会从孩子的角度看问题。

■ 给予女孩成长的自由

每个青春期的女孩最渴望的就是得到父母的理解,我们发现,很多青春期女孩举着"理解万岁"的大旗高呼"父母不理解我";渴望自由。每个女孩都希望生活在一个民主、和睦的家庭中,这样的家庭才会给她们一个温暖的归属港湾,当家庭不和睦时,女孩就会有"被抛弃感和愤怒感,并有可能变得抑郁、敌对,富于破坏性……还常常导致她们对学校作业和社会生活不感兴趣。

任何一个女孩都希望得到父母的认可和尊重,希望父母承认自己已经长大,能够自己处理一些事情,需要更多的空间,而更多时候,家长往往还把她们当成未成年人,对她们仍抱有一定的不信任态度,导致女孩觉得自己被家长轻视、小看了。这往往会打击她们的积极性,也使她们容易对长辈产生半敌视心态。

作为父母,我们要记住的是,女儿也是独立的个体,而不是我们的私有财产。

那么,怎样才能给女孩提供一个足够自由的空间呢?

 **专家建议**

1.尊重女孩的需要，让女孩子自由探索

女孩的世界和成人的世界是不同的，对于她们成长道路上看到的很多事物，她们都会感到新奇，都有探索的欲望，这也是女孩在成长过程中的一种本能的需要。对此，我们应该尊重，让女孩自由探索，这样她才有更多生活的体验，才能成长得更快。假如我们剥夺了女孩的这种权利，她们就体验不到这种乐趣，也会变得越来越没有自信。

2.不要过度保护女孩

女孩的成长过程虽然是有些崎岖的，但也是充满乐趣的。她们会摔跤，但作为父母，我们不能扶着孩子走。因此，如果你的女儿想尝试，那么，你应该鼓励她，让她有尝试的勇气，而不是说："算了，多危险，不要做了。""小心点，你会伤害自己的！""你不能做这个，太危险了！"这样，孩子即使想尝试，也会被你的提醒吓退的。

3.尊重女孩的天性，让女孩决定自己的未来

所有的父母都希望女儿长大后能有出息，但并不是所有的父母都能做到不干涉女儿选择人生，他们在为女儿设计未来时，多半很难考虑到女儿的天性、优点等，而是按照自己的意愿。这样的教育模式下培养出来的女孩是很难有突出的个性品质，也多半是不快乐的。

4.在条件允许的情况下，让女孩自由支配时间

女儿虽小，但我们也应该尊重她，让她有一些自己独立支配的时间，例如，晚上的空余时间，女儿想睡觉还是看书等，我们不要干涉。

总之，女孩的成长需要自由的空间。自由就好像空气一样，如果没有自由，她们是无法健康、快乐地成长的。因此，要想使女孩成长得更快，父母就需要给女孩提供足够的自由空间，不要限制女孩的自由。

■ 对女孩要少命令多交流

家长的烦恼

小丫生活在一个幸福美满的家庭，家里的经济条件优越。父母的文化程度虽然不高，但在教育子女方面还是有自己的一套方法的，特别是她的母亲，和女儿就像朋友。

小学时，小丫总喜欢把学校的事情告诉母亲，和母亲说说悄悄话，家庭的民主氛围很浓郁。

可是，自从上了中学，小丫在家的话渐渐少了，一到家就把房间门一关，半天也不出来。母亲想要和她聊聊天，说说话，她总是借故离开。母亲感觉纳闷，难道是女儿长大了，想要拥有自己的心灵空间？后来，又有新的情况出现了，好几个晚上，小丫都会接到同学的电话，而且一聊就是半天，还总是避开父母的视线范围。

后来母亲到学校咨询了老师，从老师那里了解到，近来经常有高年级的同学来找小丫，而且上下学的路上总有一个男孩子与她同行。母亲似乎明白了，可能小丫在思想情感方面产生了波动，出现了早恋倾向。

> "一个学期以来，通过我与小丫的多次谈心、疏导，在她父亲的理解和劝导下，她懂得了'喜欢'与'早恋'的区别。其实，她对那个高年级男生只是有好感，只是聊得来而已，可以作为一般的朋友来相处。经过这件事，她真正认识到中学生在心理、生理、经济等方面都不具备恋爱的条件，把自己的精力完全投入自己的学习生活中，才是现在应该做的。她开始调整自己的精神状态，几次月考的成绩虽不尽人意，但她还是继续努力，终于在期末考试中取得了可喜的进步。现在我们更成了无话不谈的好朋友。"

心理分析

小丫母亲是个有心人，没有对孩子劈头盖脸地询问，而是采取其他渠道获得了小丫早恋的信息，并帮助女儿了解喜欢与早恋的区别，使女儿迷途知返，重新投入学习中。

早恋只是青春期女孩可能遇到的问题之一。对于每个家庭来说，女孩的青春期同时也是危险期，需要父母的关爱和引导，但大多数父母很少静下心来听女儿的想法，而是一味地命令她："我的话就必须得听。"女孩的想法被压制住了，也就变得更叛逆了，根本不愿意与父母沟通。

每位父母都希望自己的女儿听话、乖巧，但我们要明白，女儿并不是父母的私有财产，如果你希望孩子样样服从自己的安排，结果将会适得其反。父母在言行上矛盾的教育常让女孩无所适从。我们在学习家庭教育理论知识的同时，还要善于反思、总结，不断提高自己的素养、转变自己的旧观念，把理论灵活地运用到实践中去，才能有好的效果。

总之，家长不要总是强迫女孩听话，把什么都强加给她。

 专家建议

1.不要把你的观点强加给女孩

你越是将自己的观点和价值观强加于女孩，并自以为女孩会与你分享，女孩拒绝接受它们的可能性就越大，即便是年纪较小的女孩也是如此。

因此，我们要想办法弄清女儿的想法。例如，你可以这样说："我喜欢这个想法，但重要的是你如何看待。"而不是说："太棒了，你不这样认为吗？"或者可以说："你怎么看待那档节目？"而不是说："那档节目简直就是胡说八道。"

2.不要把你的兴趣和爱好强加给女孩

很多有所成就的家长都希望女儿能按照自己的兴趣、爱好发展，甚至按照为她规划的人生走下去，早有"子承父业""书香门第"之说，生活中这样的例子也是数不胜数：医生的孩子当医生，教授的孩子当老师……

父母总把女儿放在自己的掌心，而她却渴望一片自己的天空。这种"独裁"只会把你的女儿从你身边拉走。中国不少父母喜欢替女儿安排一切，操心受累之余还总爱委屈地说一句："我什么都替她想到了，能做的我都做了，我容易吗？"可是对于这一"替"，女孩不但不领情，反而加剧了她们的逆反心理，尤其是进入了青春期的女孩，她们更愿意固守自己的意志而拒绝父母的好心安排。

其实，父母的良苦用心可想而知，但有没有尊重女孩的兴趣，让女孩挑选自己感兴趣的东西呢？我们应该注意发现和培养女孩的兴趣。

大多数时候父母都会认为，女儿还小，很多事情她们不懂，我们选择的对她们才更有好处。殊不知，女孩进入青春期后，她们也有鲜活的思想和情感，有自己的兴趣。只有从兴趣出发，女孩才能自主地学习，才能学得又快又好，才能享受到学习的乐趣。

3.当女孩产生情绪或者做出你不能容忍的事后，向她说明你的想法和感受

当你感到愤怒、难过或者沮丧，请说出来并向她说明原因，别只是大喊大叫。

总之，我们千万不要总是希望强求青春期的女孩还和婴幼儿时期一样听话，无论女孩遇到什么问题，我们都要多听听她的心里话，多引导她，让她感受到来自父母的尊重和关心，她们也就没那么大的逆反情绪了。

■ 尊重青春期女孩的隐私权

家长的烦恼

妞妞是一名初二学生，因为家里新买了一台笔记本电脑，一放学，她跑得比谁都快。回家后，她就钻进房间打开电脑，有时候妈妈喊吃饭都不愿意出来，作业到半夜还没做完。妈妈发现了女儿的变化，就留心观察了一下，原来女儿每天晚上会在网上等一个叫"等风来"的男孩子。

为了看看女儿是不是早恋了，妈妈那天早早地下班了，打开了电脑。果然，女儿的聊天记录没有加密，她看到那些聊天内容，才知道原来自己多虑了，这个"等风来"是女儿小学时候的同桌，现在出国了，对国外的生活很不适应，就找女儿倾诉一下。但她了解这些以后，时间似乎有些晚了，女儿刚好放学回来，撞见了妈妈在偷看她的聊天记录，顿时火冒三丈，摔门而去。

几个小时后，她和丈夫终于在学校附近的网吧找到了女儿，她跟女儿道了歉："是妈妈不好，我应该尊重你的隐私权，你跟妈妈回去吧……"

> 后来，妞妞妈妈跟妞妞定了份契约：一是互相之间不撒谎；二是说过的话算话；三是不介入个人隐私。后来，妞妞和妈妈关系一直很好，无话不谈。

心理分析

生活中，不少青春期女孩的父母总抱怨，女儿好像一下子多了很多隐私。面对女儿的隐私，他们便产生了一些好奇的心理，于是，偷看孩子的聊天记录或者日记成了很多家长常做的事。其实，这样做只会让女儿对你锁上心门，不再愿意与你沟通。

父母有权利和义务监督和引导女儿上网，女儿有早恋的倾向也应该及时引导，但这种引导方式应该是正确的，而不是采取侵犯隐私的行为，否则，就会好心办坏事，使女儿哭笑不得，极度难堪，在不知不觉中伤害了她们的自尊心。

隐私权体现的是人的尊严和价值，是宪法保护的一项基本权利，未成年人虽然年幼，但同样有其人格尊严和价值，同样不容他人非法侵犯，确立、尊重和保护未成年人隐私权是文明进步的表现。因而，从小培养未成年人的隐私权意识，尊重未成年人的隐私权益，有利于促进其健康人格的养成。

在我们的生活中，很多父母可能认为，女儿的生命都是自己给的，哪里还有什么隐私，因此，提到女儿的隐私问题，他们会不以为然，认为父母查看女儿的聊天记录、手机短信、日记是天经地义的事，而这其实是不懂法的表现。

事实上，女儿进入青春期后开始渴望父母能给自己更多的空间，而有些家长总是想控制自己的女儿。虽然适当的控制是必要的，但随着年龄增长，更多地要靠女孩的自觉和自律，而且要给女儿以自主的空间，要尊重孩子自主的空间，父母干涉过多，是很多青春期女孩不快乐的原因。"最讨厌的事情就是父母亲偷看我的短信。""上网聊天也要偷着瞧，一点自由都没有，真烦。"这恐怕是很多女孩的心声。但家长们却左右为难，"我们不看的话，怎么知道女儿是怎么想的。"如何在家长的知情权与女孩的隐私权之间取得平衡呢？

专家建议

1.用正确的态度看待女儿的隐私

任何人都有秘密和隐私，这是不希望被人知道的部分。我们应该知道，女儿心中存在秘密是很正常和普通的事，这其中包括女儿的如意和不如意、成长经历等，没有什么值得大惊小怪的。如果父母换个角度来考虑，假如女儿偷看了父母不愿意让人知道的信件或日记之类的东西，父母的感觉又怎样呢？因此，父母只有把女儿当成一个独立的人来看待，保持女儿和自己在人格上是平等的心态，才能学会尊重女儿的隐私。

以这样的心态，父母才能从容面对女儿那点保留的秘密和隐私。当发现女儿给书桌上锁、给电脑设密码时，也就不会草木皆兵、如临大敌了。

2.重在引导，少干涉

父母侵犯了女儿的隐私，他们的出发点并不坏，他们只是担心女儿出事，有时也确实是为了更多地了解女儿。但是，这种方法是不可取的，对于女儿的某些问题，要重在引导，要根据女儿的选择给她自由，不要过多地干涉。即使你想了解孩子，也不一定要以窥探她的隐私为代价，而应该把女儿当成朋友一样相处，充分尊重女儿的人格与隐私，给女儿一个相对独立的空间，通过平等对话，交流情感，让女儿主动敞开心扉，把内心的秘密告诉父母。

3.培养女儿对自己的信任感

信任感的建立，是在生活中一点一滴积累起来的，兑现对女儿的承诺，不能兑现也得说清理由，取得孩子的谅解。承诺为女儿保守秘密，在守信的同时，家长可以根据女儿的年龄不断改变监管的力度和方法。平时多和女儿谈谈心，学会信任她，家长应当将女儿当作一个完整和独立的人来看待，学会尊重女儿，学会理解女儿。

总之，作为父母，要主动改变观念，改变单一管理女孩的方法，不要再把女儿当成你的附属品了，你需要把女儿当成一个具有完整人格的独立人来平等看待，尊重孩子，从尊重孩子的隐私权开始！

2

注意沟通态度，有效拉近与青春期女孩的心理距离

　　沟通，是解决教育问题的良药。沟通是亲子关系升温的基础，离开了沟通，所有的教育都将无从谈起。女孩进入青春期之后，既不同于儿童，也不同于成人，她们的最大特点是生理上蓬勃地成长、急剧地变化，随之而来的是她们的独立意识的增强，她们也渴望进入成人的世界，希望得到成人的尊重。作为父母，我们只有先改变沟通态度，从女儿的角度出发，了解女孩身心发展的特点，才能找到与女儿沟通的关键，才能更好地帮助她，使她更加健康快乐地成长。

■ 别总是采取权威压制女孩

家长的烦恼

杨小姐是一名心理咨询师，她遇到了这样一个家庭：

妈妈是某公司的领导，她能把公司管理得井井有条，但对自己的女儿，她却用"无能为力"来形容，因为不管她说什么，女儿总会与她对着干。在无奈的情况下，她找到了心理咨询师杨小姐。杨小姐试着与这个孩子沟通，但出乎她的意料，这个孩子很合作。

"为什么总是与妈妈作对？"

她直言不讳地说："因为妈妈总是像教训、指挥员工一样对待我，我都感觉自己不是她女儿，所以我总是生活在妈妈的阴影里。"

这时，杨小姐终于明白了，一定是这位妈妈用错了教育方式。于是，她把这对母女请到一起，当着孩子的面把她刚才说的话转达给妈妈听。妈妈听后非常诧异，过了一会儿，她十分激动而又真诚地对女儿说："女儿，你和我的员工当然是不同的，妈妈希望你更出色！"

听完这句话后，杨小姐立即给予纠正："您应该说'女儿，你真棒，在妈妈心里你是最优秀的，我相信你会更出色。'"

> 这位母亲不明白为什么要纠正，杨小姐说："别看这是大同小异的两段话，其实有着很大的不同，前者是居高临下的指挥，后者是朋友式的赞美和鼓励。我觉得您在教育孩子上，不妨换一种方式，多一些引导，和孩子做朋友，而不是教训孩子！"
>
> 这位母亲听完，若有所思地点点头。

 **心理分析**

其实，这位母亲的教育方式在中国很典型，在很多家庭中，父母对女孩都使用这样的口气教育，例如：

"你这个笨蛋，成绩怎么总是在中游徘徊呢！"

"不就是考了前五名吗，什么时候考个第一名让我看看！"

"这段时间你确实有进步，不过不要夸你两句就骄傲呀！"

……

这些话会不自觉地流露出对女孩的轻视和责备，女孩长期生活在父母的教训中，会失去学习的动力和激情，而对于父母，她们也只能"唯恐避之而不及"。尤其对于进入青春期的女孩们，在父母长期的打击下，她们要么"反击"，要么"忍受"，这对女孩的成长都是不利的。

事实上，做家长的也有家长的苦衷。谁不愿意自己的女儿生活在快乐中，谁愿意在这样的残酷的竞争中去拼命？可怜天下父母心，没有谁希望训斥自己的孩子，但为了女儿能在未来的社会竞争中站稳脚跟，他们常常有意无意地教训女孩，而实际上，这种教育方法并没有多少成效。当然，教育没有标准答案,每个孩子都很特别,都需要我们去特别对待。对于青春期的女孩,我们要做的是引导,而绝不是教训。

因此,我们要在心里把自己和女儿放在平等的地位,把她看成是我们家庭中很重要的一个成员来对待,遇到问题也要和她多商量,对孩子多加引导。要尊重女孩,尊重她的人格,尊重她的意见。不可动辄就大声训斥,那样只会使女孩离你越来越远。

专家建议

1.给自己"洗脑",摒弃传统的家长观念

要想使自己与女儿的关系更加亲密,让女儿乐意与自己"合作",家长要做的就是给自己"洗脑",即打破传统的家长观念,不是去挑女孩的毛病,而是不断使自己的思维重心向这几个方面转移:女儿虽然小,但也已经是个大人了,她需要尊重;我的女儿是最棒的,她具备很多优点;允许女儿犯错误,并帮助她去改正错误……

2.放下长辈的架子,与女孩平等沟通

有些家长为了维护自己在女儿心中的地位,而刻意与女儿保持距离,从而使女儿时刻感觉家庭气氛很紧张。亲子之间存在距离,沟通就很难进行,在没有沟通的家庭里,这种紧张的气氛往往就会衍化成亲子之间的危机。

因此,我们不能太看重自己作为长辈的角色。因为长辈意味着权威和经验,意味着要让别人听自己的。但事实上,在急速变化的多元文化中,这种经验是靠不住的。不把自己当长辈,而是跟孩子一起探索、学习、互通有无,这种做法让我们在对女儿的教育上变得更加开明了,沟通也更加顺畅了。

■ 克服代沟，与女孩进行畅通无阻的交流

家长的烦恼

一位母亲这样陈述在教育中的苦恼："女儿初中后话也是越来越少，一到星期天就守在电脑前跟同学聊天、逛贴吧、看论坛。我偶尔凑上去看她们聊的什么，结果竟然看不懂，都是些网络热词，问女儿是什么意思，女儿'切'了一声，很不屑的样子。"

"后来我到网上搜才知道，现在网络上有那么多新词，我自己看得头都晕了。"

"前段时间女儿又改了个状态，写了句'金寿限无乌龟少'，我更是看不懂。问女儿，女儿居然说我老土，这都不知道，后来，我自己上网搜了搜，才知道，这原来是前段时间热播的一部电视剧里的台词。哎，这个年龄段的孩子是太前卫了，还是我们太土了？"

而有位母亲也感慨：现在跟女儿的话题真是越来越少了。平时女儿放学回家，她总是会问女儿想吃什么，女儿的回答常常是"就知道问这个，随便"，考试完问女儿成绩怎么样，女儿的回答就是"就会问成绩，烦不烦"，给女儿买了新衣服，女儿的回答就是"就会买这样的，俗不俗"……

心理分析

作为父母，当女儿进入青春期后，你是不是发现女儿不再像以前一样听话了，不再认为我们说的都是对的，她是不是经常对我们说"俗""土得掉渣""out了"等。从女儿的口中，你是不是会听到："我们同学都是这样说的。""人家都是这样穿衣服的。""什么都不懂，懒得跟你说。""你不明白的。"……这表明你们之间有代沟了。

代沟是指两代人因价值观念、思维方式、行为方式、道德标准等方面的不同而带来的思想观念、行为习惯的差异。当今社会，代沟严重影响了父母和孩子之间的亲子关系。很多女孩不理解父母，甚至有叛逆心理，这一点在青春期女孩中尤其明显。进入青春期的女孩因依附性减弱，独立性增强，从而使亲子两代人在对待事物的认识上产生了一定的距离。亲子之间由于态度的不同及意见分歧，而出现了一条心理鸿沟，致使青春期的女孩认为父母不了解她们，有事宁可与同学商谈，也不愿向家长诉说；甚至以不满、顶撞、反抗、违法等方式试图摆脱成人或社会的监护，以自己的方式行事，坚持自己的理想和判断是非的标准。

大量事实表明，父母与女儿隔膜的症结不在女孩，而在父母，例如，父母的冷淡磨灭了女孩倾诉的兴趣。每个女孩小时候都是爱向父母倾诉的，但由于父母处理不当，致使女孩丧失了倾诉的兴趣。女孩既有饮食的饥饿，也有交谈的饥饿，而父母往往只关注了前者，忽略了后者。

常听到一些父母抱怨："女儿长大了，什么都不给我们讲，不知道她想什么。"也常听到一些青春期的女孩说："懒得和父母说，说了他们也不理解。"

可见，要培养女孩，第一步就是要消除亲子间的代沟。

 **专家建议**

1.与时俱进,主动寻找共同语言

曾经有人做过一次调查,设计了一些问题。

你的女儿最喜欢做什么?她最崇拜谁?曾经哪件事最打击她?

父母与女儿都写下这些问题的答案,然后彼此对照一下,结果发现,没有一位父母能回答对一半以上的问题。

的确,我们很多父母,能记得女儿每次考试的成绩,记得女儿喜欢吃的食物,但就是弄不清女儿崇拜的偶像是谁,她的偶像是做什么的。努力和女孩建立共同的爱好,了解女孩,她才能有和你交流的兴趣和欲望。

要知道,女孩们最需要的不是玩具和零食,而是蕴含着亲密情感的行为表现,如你了解她的思想,理解她,认同她,给她一个鼓励的拥抱等。记住,你的女儿已经进入青春期了,已经有了自己的爱好、思想等,对此,家长应予以正确的引导和鼓励,不能用一成不变、简单粗暴的方式来干涉约束她,应该突破传统教育的固定模式,家庭教育也需要与时俱进。父母应该在平时多留意社会的发展和女孩的想法,注意与女孩沟通,在了解她的想法后也多向老师求教,双方配合合理引导,从而共同促进女孩的健康成长。

2.平等交谈,增加与女孩相处的机会

现代社会,很多父母都很忙,女孩也每天忙于学习,造成亲子间的代沟越来越大。其实,作为家长的你,也可以制造机会与女儿相处,可以带女儿参加体育运动,如一起打球,一起游泳,一起晨跑,这样不仅能增加与在女儿沟通的机会,更重要的是身体也得到了锻炼。

的确,我们的女儿天天在用现代化的眼光审视我们,逼迫我们去学习新东西，督促我们朝现代化靠近！呆板的、单一的、简单的家教已经行不通了，父母要在人格魅力、学识素养各方面得到女孩的尊敬与爱戴。在21世纪，变是唯一不变的真理，我们不妨改变一下自己，做一个与时俱进的父母，从而将代沟缩到最小。

■ 适时对青春期女孩进行赏识教育

> **家长的烦恼**
>
> 夏雨是个可爱的女孩，但成绩却很差，尤其是到了初中后，更成了班级中的后进生，这令她的父母很是头疼，她的妈妈对老师说："自打孩子上学以来，我都被弄得心力交瘁了，她经常被老师留下，我为了她的学习，辞了工作，每天为她做早餐、收拾书包、检查作业、辅导功课，但事实上，我的努力并没多少效果，她一点也不听话，我真不知道该怎么办了。"
>
> 看着一脸无助的夏雨妈妈，老师说："其实，夏雨是个聪明的女孩，只是她对学习提不起兴趣而已，所以自觉性才差，如果我们能换一种教育方法，多鼓励她，我想她会进步的。"夏雨妈妈仿佛一下子看到了希望。
>
> 后来，妈妈开始对女儿实行赏识教育，无论孩子考得再差，她也会鼓励孩子："乖女儿，你这次好像又进步了点，妈妈相信你。"女儿听完，露出了充满信心的表情。
>
> 除此之外，夏雨的妈妈在孩子遇到学习中的问题时，也会将心比心地说："你会做这么难的数学题已经很不错了，妈妈那时候，做数

学测验，100分的题只能答对30分的题呢。"

后来，当妈妈再次去学校开家长会时，老师对她说："夏雨现在学习很努力，上课经常主动发言，课堂上总能够看到她举手回答问题，她令人耳目一新的发言，也让同学们对她刮目相看，课间她不再独处了，座位边也围上了同学。"听到老师这么说，妈妈很是欣慰。

心理分析

从这则教育故事中，我们得出，在与青春期女孩沟通的过程中，家长一定要好好运用"积极暗示"这个法宝。

心理学家曾经做过一个关于"青春期孩子最怕什么"的调查，结果表明：孩子最怕的不是生活上苦、学习上累，而是人格受挫、面子丢光。的确，青春期是人格形成的重要时期，孩子们已经开始有自己的独立意识，也开始在意别人的评价，而他们最在意的是父母的看法。

从这里我们也可以发现，在教育青春期女孩的过程中，父母对女孩的期望态度一样会影响到孩子。如果你认为你的女儿是优秀的，那么，她就会按照你的期望去做，甚至会全力以赴让自己变得优秀起来；而反过来，如果你总是挑女孩的缺点、毛病，那么，她们就会产生一种错觉：我不是好孩子，爸爸妈妈不喜欢我，我好不了了。长此以往，孩子就会产生即便振翅欲飞却难以相信自己会飞的迷茫。因此，家长积极的期望和心理暗示对女孩很重要。

对于青春期的女孩来说，她们最亲近、最信任的人是父母，因此，父母对她们的暗示的影响是巨大的，如果她们能长期接受到来自父母的积极的肯定、鼓励、赞许，那么，她们就会变得自信、积极。相反，如果她们收到的是一些消极的暗示，那么，她们很容易就会变得消极悲观。

所以家长一定要好好运用"赏识"这个法宝，不要认为女孩做好了、学好了是应该的事而疏于表扬。渴望被人赏识是人的天性，大人们也是如此，就连美国著名的作家马克·吐温先生也曾经说过："凭一句动听的表扬，我能快活上半个月。"

可能很多家长会说，我该怎么夸女儿呢，总不能一天到晚说"好啊，乖啊"。这里就谈到了赏识教育的中心话题，鼓励女孩，让女孩在"我是好孩子"的心态中觉醒，同时一定要注意表达的方式和内容。

专家建议

具体来说，你的赏识必须满足两个要求：

1.真实的、自然的

赏识教育一定要不动声色，一定不能被别人发现，不能太虚伪。首先它必须是真实的，并且是自然流露出来的，而不是直接说出来的。例如，你可以说："小燕，你这个上衣是哪儿买的？能不能哪天带爸爸去，你妈妈正好也想买一件带条纹的青色衣服，我一直都没有见过。"这样，她会觉得你是真喜欢这件衣服，觉得自己的眼光得到了别人的肯定。你没有直接夸奖，效果却达到了。对女孩说话的水平一定要达到这种程度，滴水不漏。

2.具体的、细节化的

有时有的家长虽然也给予了女孩一些赞美，但是由于心理的标尺太高，高于女孩的现实，夸奖时常喜欢加一条小尾巴，例如，"你做这件事很对，但是……"自以为很聪明，先扬后抑，让女孩高高兴兴地接受教训，其实，女孩对这类表扬很敏感，她会认为："噢，他原来就是为了后面一段话才假惺惺地表扬我几句。"因此，对女孩表扬要真诚大方，讲究实效，讲究细节。

■ 善用非语言与青春期女孩进行沟通

> **家长的烦恼**
>
> 有一天，小区几个孩子的母亲在一起聊天。
>
> 其中一个母亲说："最近我们机构要组织一个训练营，有很多内容是我都不知道的，其中就有和孩子使用非语言的交流方式。"
>
> "那是什么啊？"
>
> "在孩子小的时候，我们都愿意去抱抱孩子，亲亲孩子，那时候，孩子与我们的关系是那么密切，小家伙们一天都离不开妈妈。可是，现在孩子大了，我们照顾孩子的时间少了，孩子离我们也远了，我们还记得每天晚上在孩子睡觉前亲一下他的脸颊吗？当孩子受到挫折时，我们有给孩子一个安慰的拥抱吗？"
>
> "是啊，似乎我们把这些都遗忘了，我们要拾起那些我们遗失的爱，孩子肯定还会重新回到我们的怀抱的……"
>
> "是啊，那赶快去吧，明天训练营就要开课了，你们肯定会受益匪浅的。"

心理分析

的确，当孩子还小的时候，父母会特别留意孩子，会留意孩子的声调、面部表情、动作、姿势等，会用自己的行动表达对孩子的爱，可当孩子进入青春期，不再是儿童后，做父母的反倒把这种表达爱的方式搁浅了。这种细微的变化，很多父母都没有注意到，而孩子也在离我们越来越远。

这一情况在父母对青春期女孩的教育上也很常见，很多家长抱怨说："都说孩子进入青春期之后就容易'较劲'，我发现我家女儿对别人都是好好的，但一回到家里就专门跟我们对着干，就好像她的'较劲'对象主要就是我一样。"事实上，没有教不好的女孩，只有不好的教育方法。只要方法妥当，任何女孩都是优秀的；只要用心，总能找到合适的教育方法，而女孩更需要的是家长的爱和关心。

语言是我们沟通的常用工具，但人类除了语言，还有其他的交流工具，那就是身体语言。一颦一笑，甚至一个眼神，都体现了某种情感、某个想法、某种态度。

很多人认为语言的交流方式给人提供了大部分的信息，事实上，语言学家艾伯特·梅瑞宾的研究表明，人与人之间的沟通高达93%是通过非语言沟通进行的，只有7%是通过语言沟通的。而在非语言沟通中，有55%是通过面部表情、形体姿态和手势等肢体语言进行的，只有38%是通过音调的高低进行的。

由此可见，非语言信息在沟通过程中多么重要。然而，一份社会调查却显示，在亲子之间的沟通中，非语言沟通常常被忽视。

事实上，很多女孩的家长一直采用错误的非语言沟通方式与女儿交流，如经常向女儿发脾气、拍桌子等，这些都会被女儿理解成你极度嫌弃她的信号。

这些非语言行为都是拒绝沟通的信息，因此它会更加阻碍亲子之间的沟通，破坏亲子关系。

专家建议

1.尝试接收女孩的非语言信号

当女儿小的时候，父母会留意她的一举一动，生怕她有什么不"对"的举动，当发现了女儿不吃、不睡、不玩或精神不如平时集中等线索之后，父母都会去推测，或者去直接感觉女儿的情绪状态反映了些什么，表达出对女儿的关心和爱护。可是，当女儿进入青春期后，父母除了关心女儿的学习成绩，似乎不愿意再去体察女儿的内心世界了。其实，青春期的女孩也有用语言表达不出来的思想感情，有的时候，出于自尊心或是别的一些原因，女孩并不愿意或认为没有必要用语言说出她们的思想感情，但她们又很想让父母明白她们的意图，这时，她们就会改用另一种表达方式对父母进行暗示。因此，生活中，父母一定要注意女儿的无言的行为，来识别或弄清女儿的动机或基本情绪。其实，凭借父母的细致与耐心，做到这些都不难。

2.尝试着用身体语言表达你对女儿的爱

例如，如果你的女儿取得了好成绩，父母需要赞扬、鼓励她，这时，如果家长单纯地用语言与孩子沟通，告诉孩子："女儿，你真棒，妈妈因为你而骄傲！"她也会很高兴，但是这种高兴劲儿也许没过多久就被她忘记了；如果父母运用非语言与她沟通，微笑地走向孩子，给她一个拥抱，然后再告诉她："女儿，妈妈为你而骄傲。"这样，她将很久也不会忘记妈妈对她的赏识和鼓励。

身体接触往往比语言能更好地表情达意。有时候，哪怕你一个鼓励的眼神和微笑，都会让你的女儿充满无穷的动力，因此，在生活中，尝试用非语言的方式与女孩沟通吧，但你还需要注意以下三点：

第一，尝试以身体接触代替言语交流。

第二，有些女孩不喜欢太多的拥抱，别强行对她做这些，尝试寻找其他与之亲近、感受亲密、向她示爱的方式。

第三，当身体接触的习惯已经消失，在睡觉前或看电视，甚至只是紧挨你的女儿坐着时，轻轻抚摸她的前额、脑袋或手，可以使身体接触的习惯重新回到你的家中。

适度批评，保护孩子的自尊心

家长的烦恼

牛女士一直在国外工作，她的女儿琳达也就一直住在外婆家里。就在前年，琳达上了初中后，牛女士意识到孩子教育问题的重要性，就回国了。这两年以来，母女俩相处得不错，可是琳达似乎总是对母亲畏惧三分。最近，牛女士准备让琳达参加全国小提琴大赛，当她问女儿的想法时，没想到女儿这么回答："妈妈，我不想参加。"

"能告诉我原因吗？"

"没为什么，就是不想参加。"琳达的回答让牛女士很不高兴。

"为什么？你还好意思问，你这两年住在家里，这孩子一点都不高兴，无论是考试，还是大大小小的比赛，只要琳达发挥得不好，你就责怪她。她已经15岁了，是有自尊的，我只知道我那个活泼、自信、开朗的外孙女已经不见了，这孩子现在一点自信都没有，还参加什么小提琴大赛？"在厨房干活的琳达外婆生气地对牛女士说了这一番话，牛女士若有所思。

心理分析

为人父母，我们除了给孩子生命，还需要教育他们。孩子犯错了，批评管教少不得，而孩子心灵是脆弱的，尤其是女孩，我们批评教育她们，千万不能伤害她们的自尊心。

特别是对于自我意识逐渐增强的青春期女孩来说，她们有很强的自尊心，我们对女孩的任何批评，都必须讲方法，如果孩子一旦犯错，就采取谩骂、呵斥的方式，不但不能让女孩接受并改正错误，还会给家庭生活带来很多困扰。

专家建议

了解女孩的承受能力，并选择适合的批评方式，会帮助父母找到平衡，但父母们必须掌握以下几个在批评女孩时说话的原则：

1.任何时候都不要随意惩罚她

打骂会对女孩的心理造成损伤吗？答案是：当然！我们不能把自己对女儿失败的烦恼发泄在她身上，更不能当着外人的面打骂或嘲笑挖苦女孩。家长应该时刻牢记，自己应该始终给女孩坚定的拥抱，如果以恶劣的态度对待女孩，一来会激发女孩的逆反心理，二来会打击女孩脆弱的心灵，更糟糕的是，女孩还会怀疑家长是否真的爱她。

2.注意时间和场合

批评女孩尽量不要在清晨、吃饭时和睡觉前。在清晨批评女孩，可能会破坏女孩一天的好心情；吃饭时批评女孩，会影响女孩的食欲，长此以往会对女孩的身体健康不利；睡觉前批评女孩，会影响女孩的睡眠，不利于女孩的身体发育。

3.冷却自己的情绪

女孩犯了错，特别是犯了比较大的错或者屡错屡犯时，做家长的难免心烦意乱，情绪波动比较大，很可能会在一时冲动之下对女孩说出不该说的话，或者做出不该做的举动，这都可能会对自己和女孩产生极其不良的影响。

4.先进行自我批评

父母是女孩的第一任老师，女孩犯错误，父母或多或少都会有一定的责任。在批评女孩之前，如果父母能先进行一番自我批评，如"这事也不全怪你，妈妈也有责任""只怪爸爸平时工作太忙，对你不够关心"等，会让家长和女孩的心理距离一下子拉得很近，会让女孩更乐于接受父母的批评，还可以培养女孩勇于承担责任、勇于自我批评的良好品质。一举多得，父母又何乐而不为呢？

5.一事归一事

在批评女孩的时候，我们只要明白自己的批评是为了让她知道，做什么样的事会带来什么样的后果，而不是为了伤害她或给她打上"坏孩子"的标签，这样就不会给女孩造成心理阴影。

6.给女孩申诉的机会

女孩犯错的原因是多种多样的，有女孩主观方面的失误，但也有可能是不以女孩的意志为转移的客观原因。从主观方面来说，有可能是有意为之，也有可能是无心所致；有可能是态度问题，也可能是能力不足等。

所以，当女孩犯错后，不要剥夺女孩说话的权利，要给女孩一个申诉的机会，让女孩把自己想说的话和盘托出，这样家长会对女孩所犯的错误有一个更全面、更清楚的认识，对女孩的批评会更有针对性，也能让孩子心悦诚服地接受自己的批评。

7.父母在批评女孩时要形成"统一战线"

要知道,父母一个唱红脸,一个唱白脸,其实对女孩的成长是不利的。因为如果这样,当女孩犯错后,他们所想的不是如何去认识和改正错误,而是去寻求一种庇护,寻求精神的"避难所",她们甚至可能因此变得肆无忌惮,为所欲为。所以,当女孩犯错后,父母一定要保持高度一致,共同努力,让女孩能正视自己所犯的错误,并努力去改正自己的错误。

8.批评女孩之后要在心理上给孩子一定的安慰

父母在批评女孩后,应及时给女孩一些心理上的安慰,从语言上安慰女孩,如说"没关系,知道错了改正就行""爸爸妈妈也有犯错的时候,重新再来"之类的话。

总之,作为父母,如果你希望女孩能坦然面对失败,勇敢面对挫折,你首先要做的就是端正自己的态度!

3

学会认真倾听，才更容易打开青春期女孩的心扉

很多女孩的父母会感到疑惑，为什么从前乖巧听话的女儿到了青春期就不愿意沟通，对于这一点，家长首先要反思，是否做到了倾听孩子的心声。倾听是实现亲子之间良好沟通的第一步，也只有做到这一点，家长才能站在女儿的角度、理解女儿的想法，才能走入女孩的世界，用心体会青春期女孩多变的情绪、想法、需求等，当孩子真正接纳你后，她们便愿意与你敞开心扉了！

■ 和女孩成为最好的朋友

家长的烦恼

杨太太是一名家庭主妇，虽然生活不是大富大贵，但她很满足，因为她有个可爱又听话的女儿，但不知道为什么，孩子上了初中后，似乎一下子变了很多。

这天晚上，为了庆祝女儿期中考试升入前五名，杨太太让丈夫早早地下了班，还做了一桌子的菜。

饭桌上，杨太太一脸笑意，夸奖女儿学习努力。

"你们班这次考第一的还是秦箫？"杨太太顺口问。

"嗯。"女儿很冷淡地回答。

"秦箫这孩子从小就聪明，平时也很有礼貌，见到我们都很热情地打招呼，以后肯定是个重点大学的料子。"杨太太说。

"得了吧，就她？整天就会'装'，我们班同学都很讨厌她，马屁精，也就老师喜欢她。"听到杨太太的话，女儿很气愤地辩驳道。

"那她总归是第一名啊。"

"切，第一名又怎么样，没人稀罕……"说到这儿，女儿更气愤

> 了。最后，她放下碗留下一句"我去看电视了，你们慢慢吃"就离开了饭桌，这一举动让杨太太感到很是奇怪。

心理分析

为什么杨太太夸奖其他孩子，她的女儿嗤之以鼻呢？其实，这是一种青春期逆反心理的表现。我们不妨来分析一下，进入青春期后，女孩的独立意识开始慢慢增强，并有了自己的想法，此时，她们更希望父母以及周围的人把自己当成成人来看，但实际上，她们在父母眼里还是孩子，因此，为了让父母对自己改观，她们一般会以唱反调来标榜自己。而这里，杨太太夸奖的是其他孩子，那么，在她的女儿眼里，自己自然不如母亲口中的这位同学，这就更加引起了她的不满，最后，本来其乐融融的气氛变得僵硬起来。

很多父母都感叹，为什么女儿到了初中之后话越来越少、人越来越叛逆，甚至无论父母说什么，她们总是不屑一顾、嗤之以鼻？她们的价值观有问题吗？其实并不是，青春期的女孩是一个渴望脱离父母庇佑的群体，然而，她们并不能完全独立生存，不能独立面对生存的压力、学习上的困扰等，此时，她们只能"空喊口号"，在行为语言上反抗父母，于是，和父母唱反调就成了她们宣告独立的重要方式。

然而，女孩的这一态度无疑给亲子关系带来了障碍，让很多父母无所适从。那么，作为父母的我们，该怎样针对这一问题，与女儿好好相处和沟通呢？

专家建议

1.女儿不认同的事或物，我们应了解原因

很多父母一听到女儿反对自己的观点，就不问原因，加以斥责，长此以往，女儿自然会疏远你，而如果你给她辩驳和阐述理由的机会："这件事，爸爸想听听你的看法……"结果自然不一样。有时候，女孩的世界是我们大人所不能理解的，但并不是无理的，我们只有试着倾听，才能了解她。

2.进入女孩的世界，让孩子慢慢喜欢你

有位母亲这样讲述自己的教育经验——女儿喜欢什么，妈妈就去学什么。

"女儿初三的时候，参加了学校的歌唱兴趣小组，我年轻的时候也追过星，也喜欢唱歌，但毕竟和现在的年轻人喜欢的不一样，为了打入女儿的圈子，我专门去查资料，周末的时候，我会主动跟女儿交流：'晚上有××的演唱会转播。'女儿当时特别兴奋，会觉得我很了解她的爱好，很'潮'，跟别的家长不一样。"

"女儿对家长认可了，自然也就乐意跟家长聊天，这样家长关于学习和生活的提醒她也就肯听了。其实，这个时候的孩子也很要面子，家长一定要把她们当成大人看待。有一次我在路上遇到了女儿的同学，便很真诚地跟对方说：'很高兴有你这么要好的同学，欢迎你经常到我家玩。'事后，女儿很高兴，她觉得我很尊重她的同学，让她很有面子。第二天放学后，女儿兴奋地跑来说，那位同学夸我'很有气质、很优雅'。"

3.尝试跟女儿交朋友

事实上，青春期的女孩特别渴望交朋友，这就是为什么她们会有自己的朋友圈子而不愿与父母交流、对父母的观点嗤之以鼻了，而父母一旦可以和自己的女儿成为朋友，那就不需要再为不知道怎么跟自己的女儿交流而烦恼了。

　　当然，对此父母一定要主动，放下架子，主动去和孩子交往。例如，针对上网这一问题，我们不能盲目反对，因为孩子在上网时，也会有收获。看看你的孩子在上网时最爱干点什么，你也去了解一下，应该就能找到一些共同语言。看看女儿喜欢玩什么，那么，在合适的时间，试着跟孩子一起玩玩，就能让你的孩子更加喜欢你。

■ 认真倾听女孩内心的声音

家长的烦恼

上了初中以后，芳芳变得越来越不听话了，经常在学校和同学吵架、闹矛盾，甚至已经惊动了班主任，为此，班主任只好把芳芳的爸爸请到了学校。这不，芳芳这几天又和同桌动手了，还抓破了对方的脸，回家后，芳芳的爸爸并没有训斥女儿，而是心平气和地把女儿叫到身边。

"我知道，老师肯定又把你请去了，我看我今天是少不了挨一顿打。"女儿先开了口。

"不，我不会打你，你都这么大了，再说，我为什么要打你呢？"爸爸反问道。

"我在学校跟同学吵架，还打了女同学，给你丢脸了呀。"

"我相信你不是无缘无故这样做的，对方肯定也有做的不对的地方，是吗？"

"是的，我很生气。"

"那你能告诉爸爸为什么你会跟人动起手来吗？"

"他们都知道你和妈妈离婚了，然后就在背地里取笑我，今天，

> 正好被我撞上了，我就让他们道歉，可是，他们反倒说得更厉害了，我一气之下就跟带头说的同桌动起手来了。"女儿解释道。
>
> "都是爸爸的错，爸爸错怪你了，以后别的同学那些闲言闲语你不要听，努力学习，学习成绩好了，就没人敢轻视你了，知道吗？"
>
> "我知道了，爸爸，谢谢你的理解。"

心理分析

芳芳的爸爸是个懂得理解与倾听女儿心声的好爸爸，女儿犯了错，他并没有选择粗暴的责问、无情的惩罚，而是选择了倾听。倾听之中，表达了对女儿的理解，让女儿感受到了爱、宽容、耐心和激励。试想，如果他在被老师请去学校以后就大发雷霆，不问青红皂白地将女儿打骂一顿，结果会怎样呢？可能是父女之间的距离越来越远，女儿的叛逆行为也可能越来越严重。

但现实生活中，这样的家长又有多少呢？随着现代社会生活步伐的加快、竞争压力的加大，很多家长为了能给女儿赢得一个优越的成长环境而努力工作，却忽视了与女儿多沟通，陪女儿一起成长。父母是孩子的第一任老师，也是孩子接触时间最长的朋友，在女孩成长的过程中，最需要的就是父母的关心，她们最愿意与之交流的也是父母，尤其是在女孩进入青春期以后，这种交流欲望应该更为迫切。相对于男孩来说，青春期的女孩更需要父母的呵护和理解，一方面，身体急剧成长，给她们带来很多困惑，她们不知道如何倾诉；另一方面，学习难度加大、学习紧张，也容易累积负面情绪，这都需要我们父母的理解，而如果父母对女儿的心声置之不理，那么，亲子关系就会越发紧张，甚至对女孩的成长产生不利影响。

可见，父母不愿倾听、理解女儿的最终结果可能是失去了倾听的机会。常有家长这样抱怨：真不知道我家女儿是怎么想的，总是不肯好好听我说话。对此，父母应该反问自己：作为家长，你有没有听过她说话？我们把大量的时间用来批评和教育她，却忽略了倾听。父母应该做的不仅仅是为女孩提供良好的物质生活环境，同时，应该去倾听她的内心，让彼此间的心灵更为亲近。

专家建议

1.摆正姿态，放下架子，真正平等地和女儿沟通

一些女孩说："每次，我想跟爸妈谈谈心，刚开始还能好好说话，可是爸妈似乎都是以教训的口气跟我说话，我还没说完，他们就开始以父母的身份来教育我了，我真受不了。"其实，这些家长就是不懂得如何倾听，倾听的首要前提就是要和女儿平等地对话，这才能达到双向交流的目的。和女儿发生矛盾在所难免，但要等女儿把话说完，再提出解决的办法，这才会让女孩感受到尊重。

作为父母，一定要放下架子，主动与孩子交流，然后认真倾听，只有让孩子体会到家长对自己的尊重，孩子才能更加信任家长，达到和家长以心换心、以长为友的程度。在这种条件下，孩子对家长才有可能完全消除隔膜、敞开心扉，交流的过程也将是一种非常美好的享受。

2.抛弃成见，孩子的想法未必不正确

作为大人，很多时候会认为孩子的想法是不对的，甚至是不符合常规的，抱着这样的心态，在倾听孩子说话的时候，会有一种先入为主的想法，会给孩子的话贴上一个"幼稚可笑"的标签，孩子自然得不到理解。其实我们的女儿也是人，她也有丰富的心灵，我们要特别注意倾听她的心声。

3.善用"停、听、看"三部曲

当女孩产生一些不良情绪的时候，做父母的要敏锐地察觉出来，然后主动接触孩子，运用"停、听、看"三部曲来完成亲子沟通这个乐章。"停"是暂时放下正在做的事情，注视对方，给女孩表达的时间和空间；"听"是专心倾听女儿说什么、说话的语气声调，同时以简短的语句反馈给女儿；"看"是仔细观察女孩的面部表情、手势和其他肢体动作等非语言的行为。

可能你的女儿做得不对，但作为家长，不要急于批评她，而应该在倾听之后，表示你的理解，在孩子接纳你、信任你之后，你再以柔和坚定的态度和她商讨解决之道，从而激励女孩反省自己，帮助她从错误中学习成长。

其实，每一个女孩尤其是青春期的女孩都希望得到父母的理解，因此，从现在起，哪怕是每天抽出2小时、1小时，甚至是30分钟都好，做孩子的听众和朋友，倾听孩子心中的想法，忧其所忧，乐其所乐。当孩子有安全感或信任感时，就会向其信任的成年人诉说心里的秘密。这样，才有可能经常倾听到孩子的心灵之音，你的女儿才会在你的爱中不断健康地成长，快乐地度过青春期！

■ 不妨与孩子讲讲自己的经历

> **家长的烦恼**

刘岚是一名中学教师,每天傍晚,无论有没有课,她都会等女儿放学,然后一起回家。

这天下午,接到女儿后,她一眼就看出来女儿不大对劲。这个"乐天派"脸上笼罩着阴云,眉头也皱着。

"怎么了?有什么不开心的事情?"刘岚问。

"体育课真烦人!"听到女儿这么说,刘岚大概猜出了大致情况,肯定是体育课太累了,但女儿是体育生,如果因为累就这么放弃体育锻炼的话,那么就太可惜了。于是,她准备开导一下女儿。

"今天练习的是跑步?"

"是啊。烦死人了。"

"是不是本来心里就烦啊?"刘岚问。

"嗯。"女儿沉着脸哼了一声。

"要学会淡定嘛!"刘岚开玩笑地说,"而且,凡事你换个角度看,坏事就变成了好事。跟你说个秘密,其实,妈妈以前在学校曾被人称为'飞毛腿'呢,不信?一会儿我回去给你拿我以前比赛的奖状看看。记得刚上学的时候，我是个'病秧子'，几乎每个星期都要去医院，但后来，你姥爷常带我去锻炼身体，爬山、跑步，不到半年，我就变成各项全能了。你现在完全有你老妈当年的风范啊！在锻炼的过程中，我也遇到过很多问题，体育锻炼毕竟是体力活，自然不如上网玩游戏、看电视、逛街有意思，但只要我们坚持下来，不仅对身体有益，更会磨炼我们的意志，你说呢，闺女？"

"那倒是，不过我可真没想到，您这个看上去文弱的女教师以前居然是体育全能，真看不出来……"女儿惊讶地看着妈妈。

"走，现在就回家给你看证据……"

心理分析

这里，我们看到了一位母亲在女儿感到气馁时的一番鼓励性教育。但日常生活中，可能很多父母喜欢用说教的方式——"如果你不锻炼，你中考怎么办？""不要放弃，坚持下来！""真是没用，遇到一点问题就退缩！"对于成长中的女孩，这些说教可能会起到反作用，甚至会使她们完全拒绝与父母沟通，而如果我们能站在女孩的角度，重述自己的经历，让女孩明白父母当年是怎么做的，那么，她们一定能找到解决问题的方式。

虽已为人父母，但我们和孩子一样，经历过很多成长中的烦恼和疑惑，而对于女孩来说，她们更希望得到作为过来人的父母的指导，但渴望独立的她们并不愿意主动请教父母，因为这等于在向父母宣告她们依然不成熟，依然依赖父母。当然，她们更不希望父母以教训的口吻或者说教的方式传授经验，此时，作为父母的我们，一定要选择一个温和的方式帮助女儿，而向女儿告知自己的经历，告诉女儿自己曾经是怎么做的，不仅会让她收获一个正确处理问题的方法，更能拉近你与女儿之间的距离，有利于亲子关系的维护！

那么，面对女孩在青春期遇到的某些困惑，具体来说，我们该如何疏导呢？

专家建议

1.无论女孩做错什么，我们都要先冷静下来

青春期的女孩是冲动的，可能做了一些错事，或者暴躁易怒，但不管女孩如何，我们都不能对孩子发脾气，因为她们是无助的，需要我们家长的帮助。如果你大发雷霆，女孩还怎么与你沟通？因此，无论遇到什么，我们都要先冷静下来，做到心平气和，然后平息她的情绪，再告诉她自己曾经是怎么做的。

2.闲暇时，多以自己的经历入题，与女孩畅怀沟通

现实生活中，为什么女儿不愿与我们沟通？这固然与孩子有关，但也与家长自身有很大的关系——我们放不下家长架子、说话太过严肃。我们还发现，那些与女儿相处融洽的父母，都有一个杀手锏，那就是有亲和力，说话温和，甚至偶尔会拿自己开玩笑。

为此，我们也不妨借鉴一下，多主动与女儿接触，可以向女儿阐述自己在日常生活中遇到的问题，如一些无伤大雅的糗事、某些光荣事迹、闹过的笑话、学生时代的情感经历等。当然，我们还要注意，如果你的女儿觉得你的经历很无趣，就要及时转换话题，以免造成尴尬。

■ 与青春期女孩沟通，少说多听

家长的烦恼

小娟是某中学初二的学生，也是一个三口之家的独生女，她是家里的"小公主"，爸爸妈妈生怕她遇到什么不开心或者委屈的事。可以说，除了工作外，他们把所有的精力都投入到小娟的身上，小娟也一直感觉自己很幸福。可是上了中学后，特别是到了初二，小娟的爸妈发现，女儿好像变了很多，好像心里总是有很多秘密似的，也不主动与他们沟通，这让他们很担忧，也很害怕，所以他们想改善现在的关系，于是，在小娟生日那天，他们特地带着小娟去了她最喜欢的自助餐厅。

来到餐厅后，妈妈取了很多小娟爱吃的食物，然后和爸爸一起对小娟说："生日快乐！"他们本以为小娟会开心地一笑，没想到小娟很冷淡地说了一句："谢谢！"这让他们很意外。

"怎么了，你不开心吗？记得小时候你最喜欢我们给你过生日了！"妈妈疑惑地问。

"没什么，吃吧！"小娟依旧低着头，轻声说。

"小娟，你要是遇到什么学习上的问题，一定要跟妈妈说。"妈妈继续说。

"真的没什么。"小娟已经有点不耐烦了。

"可是你今天真的很不对劲啊,你要是不跟我说的话,明天我去学校问老师。"

"你怎么总喜欢这样啊,烦不烦?"小娟的分贝提高了很多。

这时,爸爸打破了母女之间的尴尬,笑呵呵地说:"我们女儿长大了啊!女儿说说,今天在学校都发生了什么新鲜事儿啊?"

小娟抬起头,淡淡地说:"没什么事儿,每天都一样上课、下课。"爸爸不知如何接话,饭桌上一片沉默。

心理分析

我们发现,这段亲子间的对话毫无效果,其实原因是多方面的,作为母亲,小娟的妈妈在沟通技巧上还有待学习与提高:干巴巴的道理唠叨个没完没了,讲话的语气也有些咄咄逼人,这都会让青春期的女孩觉得你很烦,自然不愿与你继续交流。

作为父母,我们都知道,青春期对于一个女孩来说,就如同暴风雨的夜晚,她们既"多愁善感"又"喜怒无常",感情细腻又多变,因此需要父母的呵护,一个不小心,就可能导致学习成绩下滑、早恋或者结交一些不良朋友等。所以,很多时候,我们都会对女儿的一举一动相当敏感,总是担心她这个弄不好,那个弄不好的。其实,父母应该相信女儿,给女儿独立的空间。有的时候女儿的一些行为,父母可能不认同,但只要不是原则上的错误,不如让女儿自己去碰碰钉子。

我们容易忽视的一点是，这一阶段的女孩独立性增强，总希望得到他人的承认和尊重，希望摆脱成人的约束，渴望独立。她们不愿意再像小孩子一样服从家长和老师，她们希望获得像大人一样的权利，因此，青春期的女孩最讨厌的就是父母的唠叨。她们会觉得父母很啰唆！

父母本来应是女儿最愿意倾诉的对象，可到了青春期，这种情况往往就改变了，我们的问候变成了唠叨，甚至招来女儿的厌烦。虽然处于这个时期的女孩渴望倾诉、渴望理解，但她们更像时刻戒备的刺猬，这就为父母与女孩之间的沟通造成了很大的障碍。那么，家长在这种情况下应该怎么做呢？

专家建议

1.少说话，善于察言观色

日常生活中，我们对女孩的关心不一定全部要通过语言，我们不妨学会察言观色，从一些小细节上发现女孩细微的变化。

另外，即使与女孩交流，我们也要对女孩的反应敏感些。女孩对谈话内容感兴趣时，可将话题引向深入，一旦发现女孩有厌烦情绪，就应立即停止，或转移话题，以免前功尽弃。即使找到交流的话题，也应力求谈话简短有趣、目的明确，切忌啰唆，以免造成切入点选择准确但交流效果不佳的情况。

2.用小纸条代替你的唠叨

沟通不一定是用嘴说，用小纸条也是不错的方法。

小洁是个单亲家庭的孩子，她的母亲在她三岁的时候就离开了。她的父亲身兼母职，独自抚养小洁。父亲经常出差，但在出门前总会在冰箱上留一个便条，如"里面有一杯牛奶，三个西红柿，请不要忘记吃水果"，或在写字台上留张便条:"请注意坐姿,别忘了做眼保健操等。"

多年以后,小洁考上了大学,父亲为她整理东西时,发现她竟然把这些纸条全留下来并完整地夹在书本中。父亲的眼睛一下子湿润了——原来女儿的情感之门始终是向自己敞开的,对自己的关爱也始终珍藏在心底。

3.关心女儿不一定非得询问学习状况

孩子的成才应该是全方位的,只抓孩子的学习,对孩子全面发展极易产生负面的"蝴蝶效应"。这些,是在对任何年龄阶段的孩子实施家庭教育过程中都应该避免的。

同样,作为女孩的父母,我们若想和女儿沟通,就需要多关注她除了学习之外的其他方面。如果你的女儿是个时尚迷,那么,你可以默默帮女儿搜集一些信息,孩子在感激后自然愿意与你一起讨论最新时尚信息;如果你的女儿爱唱歌,你可以在节假日为孩子买一张演唱会门票,相信你的孩子一定倍受感动,因为她的父母很贴心、明事理。

这种类型的交流是"润物细无声"式的,它没有居高临下的威迫感,极具亲和力,女孩也容易打开心扉,接受与父母的交流。

当然,让女孩打开心扉,与女孩交流的方式、方法远不止这些,但总的原则是:一定要让女孩觉得父母是在真正地关心她,并且是从心底里关心的那种。

■ 学会理解青春期女孩的心理

家长的烦恼

这天，两个母亲就女儿的教育问题聊起来，其中一位母亲在心理诊所工作。

"你女儿还小，还好教育一点，孩子越大，越不好管啊。"

"可不嘛，尤其是现在的青春期的孩子，一个个都很叛逆，女孩也不例外啊。就说昨天吧，一上午我们就接待了三位家长和他们的女儿，他们都抱怨和女儿无法相处，孩子什么都不跟自己说，他们都不知道孩子一天在干什么。而做女儿的也觉得父母不理解自己，久而久之，她们也不愿意跟父母沟通了，有的会跟同学倾诉，而更多的则宁愿把心事憋在心里也不跟父母说。"

"是啊，女儿进入青春期，也就进入了叛逆期。其实，孩子封闭内心也不全是孩子的问题，如果我们多理解和鼓励她们，跟女儿做朋友，可能孩子就不会有那么大的抗拒情绪了，也愿意敞开心扉了。"

"你这句话倒是提醒了我，我家闺女也总说什么要和妈妈做朋友，我还说她是胡闹呢，看样子，的确有道理啊。"

心理分析

这一案例告诉父母，青春期的女孩更需要被父母理解，只有先了解你的孩子，才能走进孩子的内心，让孩子对我们畅所欲言。

作为父母，我们也知道，学生最主要的任务就是学习。女孩进入青春期后，所学习的科目显著增加，学习任务急剧加重。另外，进入青春期后，随着身体上的巨大变化，她们的情绪、心理都随之发生了很大的变化。一方面，她们认为自己已经是成人，另一方面，她们仍然面临着很多无法独立解决的烦恼，这都让她们变得敏感、叛逆，而如果我们不理解她们，总是认为孩子封闭内心是她的错，或者用粗暴的方式干涉，那么，只会让女儿更疏远你。

当今时代，如何教育出阳光、知性、大方的女孩，是很多家长们在思考的问题，而失败的教育经验告诉我们，教育女孩不能用以往的方法了。作为家长，如果你想真正地把女孩教育好的话，你必须能懂得她的心里在想什么，而要做到这一点，有个好办法，那就是像交朋友一样去走近女孩，在她需要帮忙时你是她的朋友，在她需要关怀时你是她的依靠，这样，你才能真正了解你的女儿。最好是多以朋友的语气和女孩交流沟通，等女孩对你给予她的自由有一定的了解时，她才会对你打开心扉，真正让你了解她的内心世界。

那么，作为青春期女孩的父母，该以怎样的方式来理解女孩并鼓励她们呢？

专家建议

1.了解、理解、信任你的女儿，让她感受到你的爱

可怜天下父母心，每个父母都是爱孩子的，但教育的结果却完全不同，为什么有的家长能跟女儿和谐相处、情同知己，有的却水火不容、形同陌路。这就是教育方法的不同所带来的不同结果。作为父母，首先就要了解你的女儿，关注女儿的成长过程。女儿进入青春期，烦恼的事情多了，有时候脾气坏，情绪失控，作为家长，你要理解，首先要了解女儿在青春期的特点，才能知道女儿叛逆的原因，对症下药。

2.鼓励你的女儿，给足其自信心

学生关心的永远是学习成绩，无论你的女儿在考试中取得了怎样的成绩，你都要给予鼓励，告诉她："你真棒！""你已经尽力了！"父母的肯定与赞扬是促使女孩奋发向上的灵丹妙药。同时，如果你想成为女儿的朋友，简单的一句话是不够的，你还可以帮助她制订一个适合她的学习目标，一定要先看看她的现状和她的潜能，尤其有些女孩目前成绩不是很理想，一个比较切合实际的办法是，你可以帮她制订一个分阶段的学习目标。这个目标要以她现在的成绩为基点，不妨把你的期望值放低一点，这样女孩的压力也小一些。当女儿成功时，你可以和女儿一道分享这难得的喜悦！而这更能增强她的自信心。

3.适当"讨好"一下你的女儿，缩短彼此间的心理距离

当然，这里的"讨好"并不具备任何功利的目的，而是为了加强亲子关系。父母应该偶尔赞扬一下你的女儿，或者带女儿出去散散心等，让女孩感受到家庭的温暖，彼此间的心理距离就拉近了。

4.尊重女儿，平等交流

家长要学会跟女儿聊天，不要认为女儿的世界很幼稚，对她的话题不感兴趣。无论女儿说什么，最好表现出很感兴趣的样子，这样她才有跟你交谈的欲望。

对于很多家长来说，望女成凤是他们的愿望。当青春期到来，你的女儿开始变得叛逆时，你们是否反省过自己的教育方法？如果你们真的要女孩成才，就应该注意一下自己的教育方式，关注女孩的成长，理解她，尊重她，鼓励她，做孩子的朋友，或许她会"听话"起来！

4

了解叛逆心理，与青春期女孩进行顺畅沟通

  青春期的到来，使得很多女孩的身体开始飞速成长和发育，随之而来的，是她们在思维上的完善。和男孩一样，女孩也开始思考自己，思考人生，同时，她们会面临很多不解与困惑。此时，渴望独立的她们本能地试图摆脱这些困惑，于是，她们叛逆、反抗父母与老师……一些父母一看到女儿出现与以往不同的举动，便会产生焦虑心理，认为女儿可能会越轨等，甚至对女孩严加管教。实践证明，这种方法并没有太大的效用。其实，面对青春期女孩的逆反，最好的方法是蹲下身来，和女儿建立一种平等的朋友关系，理解、支持你的女儿，让女儿真正接纳你！

■ 青春期女孩自我意识开始形成

> **家长的烦恼**

这天下班后，王先生还是和平时一样，开车来接女儿放学。他在学校门口等了半天，终于等到女儿出来了，可是女儿却表情怪怪的，好像故意避开同学似的径直往前走，王先生就跟在后面。

女儿突然回头说："你能别老跟着我吗？"看起来很不开心的样子。

"怎么了？有什么不开心的事情吗？"王先生问。

"爸，以后你能不能别来接我放学？"

"怎么了？坐爸爸的车难道不好吗？总比你挤公交车好吧？而且，我也不放心你一个人回家。"王先生一脸疑问。

"反正你别来就是了，从明天开始我自己骑单车就行。"说完，女儿和几个同学挤到一辆公交车上了。王先生彻底迷糊了。

回到家之后，王先生和妻子提到这事，妻子说："我也发现女儿最近怪怪的，以前总嚷嚷自己衣服小了，让我给买新的，可是现在，我拉着她上街都不肯。即使在街上也是左顾右看，好像有人跟踪她似的，后来，她干脆让我给她钱，说要自己买。"说完，妻子也是一脸茫然。

心理分析

可能不少家长对于女儿的这一表现都感到"丈二和尚摸不着头脑"。其实，这些情况对处于心理断乳期的女孩来说，是一种很正常的现象。

心理医生认为，12~16岁是孩子的"心理断乳期"。那么，什么是"心理断乳期"呢？

人的一生有两个重要时期，一个是生理断乳期，发生在1岁左右；另一个就是"心理断乳期"。

为人父母，我们都知道，任何孩子在婴儿期断乳都是痛苦的。面对饥饿，他们疯狂地哭叫，张开待哺的小口执拗地寻觅母亲的乳头，而狠心的母亲却一勺勺喂给孩子他所陌生的食物，孩子一次次倔强地吐出，最后终于进食了。这就是人类适应环境的一次重大转折——生理的断乳。

接下来，从12岁开始，孩子们开始逐渐脱离对父母的依赖，直到18岁完成这个过程。这就是青少年逐渐摆脱父母、走向成人的过程，这一过程被心理学家称为"心理断乳期"。此时，少女渴望获得独立、渴望父母重新审视自己，把自己当成成人看待，但同时，他们自身又有很大的依从性，无论是精神上还是经济上，他们都不能摆脱对父母的依赖，尤其是当他们遇到一些青春期的生理和心理问题的时候，他们更需要获得父母的帮助。

可见，青春期的女孩不希望父母"跟着自己"，是因为她们渴望塑造自我，渴望独立，渴望周围的人以及父母把自己当成成人来看。不仅在家里是这样，在学校里，她们也不再像小学生那样事无巨细地告诉老师，她们更热衷于用自己所谓的个性的方式来解决一些问题……这些都让她们有一种独立、自主的感觉。她们喜欢这种感觉，所以她们给出的那些反应并非父母的过错。

而作为父母，我们只是想要回到原先所习惯的那种透明、亲密无间的关系，希望女儿依旧是那个乖巧的"小棉袄"，希望能洞彻女儿的内心世界，生怕女儿一个人外出遭受危险，我们更接受不了与女儿之间横亘着一个我们无法洞察、无法把握的地带。

那么，我们该怎样才能找回那份亲密的亲子关系呢？

专家建议

1.不要剥夺女儿独处的机会

青春期的女孩已经是半个大人了，她们完全可以照顾自己，可以独立处理一些问题，对此，我们千万不可强制，否则，很容易引起女孩的反感。例如，在女儿独自外出之前，我们一定要与女儿订立安全协议，如不可在晚上十点之后回家、遇到问题要给爸妈打电话等。

2.相处时，把主动权交给女儿

一般来说，青春期的女孩不想与父母一起，这是因为她们不希望周围的人把自己看成孩子，看成父母的附属品，为此，我们应解除女孩的这种心理负担，例如，让女儿决定今天去哪里、做什么等。这样，她会感受到父母重视自己的意见，她渴望独立的这种心理被理解了，自然，她也就乐意和父母一起享受天伦之乐了。

如果说女孩在年幼时曾在与父母的联结中获得完整感，那么，当女孩在心理上把自己从与父母的联结中切割开来后，她们会在不同程度上产生一种"外人感"，于是，她们急于要摆脱父母的保护，她们希望能拥有更多的空间，对此，父母要承认女孩的成长，做女孩成长路上的支持者，而不是决策者！

■ 脾气大又任性的大小姐

家长的烦恼

一天，平时工作非常忙碌的严太太被女儿老师的一个电话叫到学校，原来是女儿在学校闯祸了，可是令她不解的是，女儿一直很乖，连和人大声说句话都不敢，怎么会闯祸呢？

匆匆忙忙赶到学校，才问清楚情况：原来是班上有些男生挑事，说严太太的女儿小雪是个"胆小鬼"。老师告诉严太太，班上传言，小雪喜欢班上某个成绩好的男生，但不敢表白，这些男生不知道怎么打听到了，就拿这件事取笑小雪，而小雪则很生气，于是，她气急败坏，甚至抓破了其中一个男生的脸。

"我的女儿这是怎么了？"严太太很是不解。

心理分析

一向乖巧的小雪怎么会突然这么容易被激怒而向同学大打出手？日常生活中，如果我们被人叫作"胆小鬼"，或许我们会生气，但很少会因此情绪激动而做出一些伤人害己的事。其实，这与青春期女孩的情绪特点有关：

一是情绪体验迅速。也就是说，这时期的女孩情绪很不稳定，来得快、去得也快。

二是情绪活动明显呈现两极化。她们的情绪活动很容易由一个面转换到另一个面，甚至由一个极端走向另一个极端。

三是情绪反应强烈。在情绪冲动时，理智控制作用减弱，她们很容易做出不计后果的过激行为。

案例中小雪抓破了男同学的脸是因为其内心承受能力差，当同学嘲笑她时，一时激动的她便控制不住自己的情绪。

其实，心理承受能力关乎一个青春期女孩的成长状况，一个心理承受力强的女孩，通常情绪稳定，意志顽强，积极进取，敢于冒险，乐于尝试新鲜陌生的领域，面对挫折和变化也能保持乐观，百折不挠，愈战愈勇。而一个心理承受力弱的女孩，会表现得退缩、耐性差、懦弱、焦虑和自卑，面对困难缺乏坚持，面对自己不熟悉、不擅长的领域，她宁可不做，因为不做就不会输。

我们的女儿将来会生活在一个更多变化的社会，她们将会面对职场的激烈竞争，复杂的人际关系，一生中也免不了遭遇情场失意、事业困境、生意败北……总有一天，我们要先我们的女儿而去，不如早点把世界交到她手中。她的心理承受能力直接关系到她的人生是否幸福。

因此，帮助青春期女孩疏导情绪，强化孩子的心理承受能力，是父母给予孩子受益一生的珍贵礼物。

专家建议

我们需要这样与青春期的女孩沟通：

1. 不要对女儿期望过高，更不能拿她与别的孩子比较

无论何时，父母都是孩子的依靠，如果女孩感受到自己让父母失望，那么，这种心理打击是具有毁灭性的。

因此，作为父母，无论你的女儿学习成绩如何，无论你的女儿是否有特长等，你都要调整好心态，为女儿的成长与进步而高兴、骄傲。这里，我们要做的是"纵向比较"，例如，如果你的女儿这次的学习测验成绩比上次好，你就要奖励女儿，鼓励女儿。而横向比较，则是拿自己的女儿和其他孩子比较，这是要不得的。

2. 理解并鼓励女儿正确地宣泄自己的情绪

青春期的女孩是脆弱的、敏感的、容易受伤的，她会悲伤沮丧，此时，你要让女儿尽情宣泄，就让她去哭个够，而不是劝孩子"别哭别哭""女孩子不要动不动就哭哭啼啼的"。告诉女儿："我知道你很难过。"或者什么都别说，给她独处的空间和时间去消化自己的情绪，帮她轻轻关上门就好。

3. "事件"结束后，帮助女儿正确梳理情绪

等"事件"结束，女儿心情基本平定后，再帮助女儿做自我反省，她就能较理性、客观地看待分析；反省的另一层意义是，再一次经历当时的情绪波动，但脱离了"现场"，情绪压力再一次释放的同时也得到缓解。

总之，青春期是女孩心理波动较强的时期，在此期间，女孩的心理承受能力通常都比较差，一些小事都可能引起她们的过激行为。我们在平时管教女儿时，要多注意她们的心理健康教育，并帮助女儿认识自己的情绪、管理自己的情绪，让其保持稳定的心境！

■ 青春期是女孩的反抗期

家长的烦恼

在某中学的一次家长会上，很多家长纷纷提出，男孩子有脾气不奇怪，为什么女孩子也突然脾气变坏了呢，父母的话根本听不进去，甚至还公然和父母对抗。

"女儿上小学时很懂事乖巧，叫她做什么就做什么。自从上了初中就跟变了一个人似的，老说我唠叨，多说一句就厌烦我，摔门走开。我为她做了这么多，还不领情！"

"女儿 13 岁，年前还是个很听话的孩子，过完春节就不行了，学习成绩急剧下降，偷着上网吧，跟社会上的孩子玩，作业也不做。我现在处处监督她，可是越管越不听，特逆反，老跟我顶嘴，和我对着干。求她也不是，打又打不得，骂也骂不得。我没招了！"

心理分析

这样的场景，或许很多家长都遇到过。我们会发现，女儿进入青春期后，好像总是故意和自己作对似的，总和自己唱反调。很多父母感叹："我让她往东，她就是往西。""我说的话，她就没有听过。"的确，青春期的女孩常常会产生逆反心理。通常来说，逆反心理是指人们彼此之间为了维护自尊，而对对方的要求采取相反的态度和言行的一种心理状态。

其实，作为父母，我们自身也应该反思，你理解女儿吗？你有真正聆听过女儿的想法吗？女儿有自己的想法，需要家长去聆听。有时她的心里没有太严重的事情，只是想找个对象倾诉一下，把内心的烦躁说出来，这个时候你的唠叨反而让孩子更加烦躁。

这里所说的聆听，是需要你用心去聆听，用心去感受女儿成长的变化，理解她们，合理地引导孩子。好的教育是让自己的教育方式适应孩子，而不是让孩子来适应你的教育方式。不要认为以前的教育方式就是很正确的，那是因为你的女儿还太小，处于弱势，没有拒绝的权利和抗拒的能力。而到了青春期，女儿就变得敢于对家长说"不"，敢于"抗旨"，而家长也开始为此而困惑、生气、抱怨、伤心……

专家建议

在与女儿沟通的过程中，我们可以这样做：

1．"五分钟后再谈"

任何教育方法的前提都是我们父母能够控制住自己的情绪。在气头上的父母，怎么会有能力、有智慧运用良好的方法呢？

"五分钟后再继续谈。"面对女儿的事情，给自己留五分钟的冷静时间，冷静下来，你会发现其实没什么大不了。女孩进入青春期，需要父母用耳朵、用心去倾听和理解。

2. 让女儿学会自律

这里，我们需要区分两种情况：

①可以商榷的：对于那些不影响学习、不涉及女孩的生活质量和生活习惯的，都是可以商榷的，例如，睡觉时间、发型、衣服的样式，这些都可以商榷，并达成协议。

②不可以商量、妥协的：不符合以上原则的，也就是不能商榷的，例如，女孩不做作业、抽烟喝酒等，就绝不能妥协。对此，即使女儿与你争吵，你也不必害怕破坏与女儿的关系而一味妥协让步，需要通过规定限度与制订标准来规范女儿的行为。

事实上，即使父母的规矩不多，他们也不会得到青春期女孩的"较高评价"。父母可以通过交流与让步避免激烈的冲突，但是必须制订一些标准，这是让女孩学会自律的主要方式之一。

3. 契约法

父母之所以唠叨，女儿之所以发脾气，都是因为在某些问题上没有达成一致意见，于是，女孩还是会继续挑战父母的极限，她高举着"我青春期了，我要……"的大旗：明明规定的是晚上8：30之前回家，但是最近她总是频频违规，甚至会到10点多。面对这样的情况，你会怎样做？

对此，我们可以采用契约法。

新学期一开始，星星为了能让唠叨的妈妈"收敛"点，就想出了一个好主意——准备了一份合同。这天，当妈妈又在吃饭时说些老生常谈的话题时，星星把筷子一放，站起来郑重地说："妈妈，咱们签份合同吧！"

合同是这样的：

①以后妈妈不在吃饭时间问女儿的学习情况；作业不会时，妈妈不许发脾气，不许敲桌子，要耐心讲解；周末给女儿放松时间，不能硬性规定必须9点睡觉。

②女儿要主动跟妈妈谈心，不乱花钱，做事情不瞒着妈妈，每天洗自己的碗，叠自己的被子。

③合同有效期：本学期。

母女俩都签了字，然后按照协议行事，很快，母女关系的紧张感消除了。妈妈再也不在吃饭时问个不停，星星的变化也很明显：不乱花钱买衣服，按时写作业，还承担了全家的扫地任务。

其实，"契约教育法"的秘诀就在于：孩子的行为一旦约定俗成，家长就不用三令五申，照章考核孩子的行为就行了。它可以帮助女孩自我观察，建立良好行为，父母则省去了许多说教，亲子之间的情绪冲突大大减少，女孩也因此学会自主管理。

总之，青春期的孩子和我们唱反调，我们就要做出教育方法上的调整，该放手时要放手，教会女儿为自己的所作所为负责，该信任的时候要信任，给女儿锻炼的机会，这样才能让女儿在体验中成长。

■ 青春期女孩为什么喜欢顶嘴

青春期的女孩之所以产生叛逆心理，是有以下三个方面的原因：

第一，青春期到来后，女孩的身体开始快速生长和发育，由此带来了心理上的变化，第二性征的出现给她们的心理造成了一定的冲击，她们往往会对此感到不知所措，因此，她们便会产生浮躁心理与对抗情绪。

第二，除了身体上的发育和成熟外，青春期的女孩还渴望独立，希望周围的人把自己看成成年人，因此在面对问题时她们常常呈现一种幼稚的独立性，并未成熟的她们会处在反抗期内。

第三，自我意识的增强、社会上各种新奇事物的冲击也让女孩对很多东西产生兴趣，她们便要通过表现个性、追逐时尚等方式来满足好奇心。

另外，还有很多其他因素，例如，社会和家庭教育的一些不足，也成为女孩叛逆的源头。此外，女孩如今面临的各种压力，如学习压力以及生活中的无聊情绪等，也是叛逆心理产生的"沃土"。

很多家长一看到女儿变得与以往不同，就认为这是青春期的逆反行为，担心自己的让步就意味着女儿的越轨，然而，对女儿的每个小细节都横加指责可能会使较小的争吵升级为全面战争。因为，孩子最厌恶的就是父母对自己管得太多、干涉太多。

为此，在女孩有逆反苗头的时候，家长首先要反思，也许是自己正在挑起这种情绪，或者是女儿对自己某些做法有意见，然后有针对性地找办法解决。

专家建议

我们在与女儿沟通时，最好遵循两点：

1. 把命令改为商量

女孩在生理上比男孩脆弱，但这并不意味着我们要过度保护女孩，为此，在很多问题上，我们最好让女孩自己做决策，例如，我们可以先询问孩子的意见，"你是怎么认为的呢？你打算如何处理呢？你打算什么时候开始做呢？"这就表示了我们对孩子尊重，在了解了孩子的想法后，如果有些部分不可行，那么，我们再以研究和探讨的语气与之商量："我能理解你的想法，但我们还要考虑这件事的可行性，不是吗……你认为妈妈的意见对吗？"

孩子是聪明的，有判断力的。如果你的话有道理，她是会采纳你的建议的。同时，沟通和交流也会越来越多，亲子关系也会因此变得更好。

又如，女儿周末想去朋友家玩，你可以和孩子商量，允许其和更多的孩子交往，但一定要讲究原则，比如要告知家长自己去的地方，什么时候回，都有哪些人，玩多长时间。如果她要求在朋友家住，你可以和她商量，如果晚了，爸爸妈妈可以去接你。支持她，同时也告知不能破坏原则。这样女儿既能得到快乐，也不会放纵。给女儿一个空间，让她自己去体验，去成长。家长永远是女儿的后盾，是支持者和帮助者，要和女儿保持亲密关系，也要让她幸福快乐地成长。

以商量的方式去解决问题，即使商量失败，感情也会增强，有利于日后问题的沟通解决。家长经常犯的错误是，当前问题没解决，还破坏了感情气氛，阻断了感情沟通，失去今后问题的解决机会。

2.不妨让女孩也吃点"苦头"

这个阶段正是女孩形成主见的关键时期，小错肯定难免，其实，女孩也没那么脆弱，所以，家长应该允许女孩犯点错、吃点亏，不要过分束缚女孩的手脚。

例如，你的女儿"要风度不要温度"，寒冬腊月坚决不穿秋裤非要穿裙子，如果劝说没成功，不用着急，让她挨一次冻没关系，真感冒了，她会明白你的意图，至少以后会考虑你的意见。

总之，对于青春期叛逆的女孩，支持要比压制好，商量要比命令好，另外，只要女儿的想法合理，就要给予全力的支持！

■ 青春期女孩不愿听从管教

家长的烦恼

宋女士是一位单亲母亲，在女儿小丽还很小的时候，她的丈夫就因病去世了。一直以来，她和女儿相依为命，母女感情也一直很好，小丽也很懂事，但最近一段时间，她在教育自己女儿上却遇到了很大的麻烦。

小丽是一所名校初二年级的学生，前几天，小丽的班主任打电话给宋女士，宋女士一接电话，就知道是女儿在学校的事情。班主任说，小丽最近学习状态不大好，成绩下滑很厉害，而且，学习劲头很不足，希望宋女士能多关心和帮助孩子。听到班主任这么说，宋女士自己也很伤脑筋，她说："其实我也很纳闷，照说，小丽一直都很听话，可是不知从什么时候起，女儿就不愿意和我说话，一回家就躲进自己房间。有一次，我实在看不下去，就跑到她房间去问她在学校的学习情况，她竟然把我推出房间了。"

在宋女士的印象中，女儿一直是乖乖女，"她小的时候很听话，学习也很努力，自己考上了这所名校，当时我觉得很骄傲。可自从上了初中，听话懂事的孩子变了，问什么都不说，还总嫌我烦。成绩也不如以前了,眼看着就要上初三,她现在这样的学习状态可怎么办?一个人带孩子很不容易,而且我现在工作压力也很大。"

听到宋女士的烦恼后,班主任答应亲自开导小丽。当班主任老师问小丽为什么变得不听话的时候,小丽的回答让张老师吃了一惊:"我都十四岁了,再听父母的话,会被同学们笑话是长不大的孩子。"

心理分析

可能很多家长都和宋女士一样,对女儿突然的不听话感到莫名其妙。于是,他们总是在问女儿,把自己的想法说给孩子听,责问孩子,但是孩子究竟在想什么、最近的心理状况是什么,往往没有关注到。其实,这是因为女孩进入了青春期,开始有了逆反心理。

当女孩进入青春期时,她们的身体开始迅速发育,思维也开始发展,于是,从前对父母言听计从的她们,开始思考自我,思考人生,也开始被身心成长过程中的很多问题所困扰,此时,她想去摆脱这些困惑,这是人的生存本能。而从小至今始终在家人的呵护下成长,使她手足无措地发现现在遇到的情况很麻烦,但是又不知道如何和家长说明。这种困惑和无助,致使她在挣脱困惑时企图趋向独立,于是就什么事情都不告诉家长,讨厌家长"多余"的帮助,要有自己的人格和见解,家长说什么都不听,对家长的建议不加思考地一律做否定回答。这就是叛逆!

所以,大部分青春期的女孩都认为,长大的孩子就不应该再听父母的话了，而"听父母的话"则被认为是一种不成熟和没长大的表现，对此，家长一定要加以引导，让女儿正确认识是否该听父母的话。

专家建议

1.告诉女儿不必盲目听从父母的话

童话大王郑渊洁说他从来没有对自己的孩子高声说过一句话，也从来没有说过"你要听话"。"因为我觉得把孩子往听话了培养那不是培养奴才吗？"因此，针对女孩的"不听话"，你不妨告诉她："爸妈并不是要你盲目地听我们所说的每一句话，什么话都听的孩子是庸才。"这样说，会很容易让女儿感受到父母对自己的理解。

2.鼓励女儿有自己的思维方式

其实容忍孩子"不听话"是有道理的，它可以保护孩子的想象力，激发孩子的创造力。

同样，青春期的女孩，她们也有自己独特的思维，作为家长的我们，如果用成人的思维方式对她们粗暴地干涉，就会扼杀她们的想象力和创造力。

3.给女儿一个行为标准

这个行为标准的制订必须是在和女儿已经站在"统一战线"的前提条件下，也就是当孩子认可父母的话的时候。

此时，你应该告诉孩子一个原则，一个标准。在这个标准下，她知道什么范围以内的应该去执行，什么范围以外的应该坚决反对，掌握好这个度就可以了。不是不管她们，而是怎样合理地管的问题。

因此，综合来看，对于青春期的女孩突然不听话这一问题，我们一定要辩证地看。我们不需要培养那种盲目听话的"乖乖女",当然,也不是说"不听话"的女孩就一定聪明、出尖子。女孩的"听话"应更多体现在生活规矩、行为道德上,而青春期女孩天性叛逆,有自己的想法,父母应做出正确的引导。

5

解读叛逆行为，真正了解青春期女孩内心世界

　　我们都知道，现代社会，很多青春期女孩都成长于被父母和长辈呵护的家庭环境中，她们被父母宠着、惯着，因而产生了一些"心理问题"，诸如自私、冷漠、小气、依赖性强、盲目攀比等。很明显，这样的女孩是很难成长为一个健康、快乐的人的，也是很难受人欢迎的。因此，作为父母，如果你的女儿也是如此，那么，从现在起，你就应该留心她的行为，帮助其做好心理调适，进而把女孩培养成一个快乐、阳光、积极、坚强的人。

■ 引导孩子克服胆怯心理

家长的烦恼

上海市要举办青少年钢琴大赛,邱女士听到这个消息后,就给女儿报了名。她相信,女儿一定能拿到奖项,因为女儿一直在学习弹钢琴,并且是学校文艺生中的佼佼者。但奇怪的是,就在比赛的前一天晚上,女儿对邱女士说:"妈妈,我不想参加了。"

"为什么?"

"因为我知道我肯定会让你丢脸,还不如不参加。"

"你怎么这么不自信?"邱女士有点生气了。

"因为你经常说我没用,如果这次没拿奖,你肯定又会这么说。"听完女儿的话,邱女士若有所思,难道一直以来我都是这样评价女儿的吗?

心理分析

很多人会问:"对人一生产生影响的因素中,谁的作用最大?"毋庸置疑一定是父母。这个案例再次证明了这一点：邱女士长期使用否定性的暗示让女儿认为自己"一定做不到"。相关纪录片显示，一位父亲无意中的一句话，不仅影响了其女儿在青春期的审美观形成，还直接影响其婚姻质量。上海青少年心理研究所专家支招：无论是表扬还是批评，父母一定要选择得当的话语，其可能会影响孩子一辈子。

同样，有些青春期的女孩，她们会不自信、胆怯甚至自我否定，可以说这和家庭教育有一定的关联。常常听到家长说："你看某某的学习多自觉，从来不要父母操心的，你为什么就这么让人不省心。我想了好多办法，花了大价钱请了家教，你的成绩怎么还是上不去？"亲子关系研究者认为，即便是出于事实的抱怨，家长的态度也会让孩子相当敏感。久而久之，他们便会认为自己"真的没用"，或者变得消极、胆怯等。

有少数女孩能在打击中越挫越勇，最后建立优秀品质，但是大部分女孩可能都达不到我们想要获得的目的。长期接受父母未过滤、未筛选的直白的抱怨，尤其是针对自己的这些消极评价，对于培养她们的自信心和自尊心实在没有益处。

一位心理医生非常痛心地讲述他碰到的现象："很多家长为了孩子的问题来找我，当他们绘声绘色地描述孩子的不良行为时，孩子就站在旁边听着！"这也是很多女孩不自信的原因所在。家长也许可以尝试一下，别时刻摆出一副居高临下的姿态嘲笑或教训孩子，不要小看这些，自信的基石就是这样奠定的。

那么，作为家长，该如何帮助青春期的女孩正确认识自我、树立自信、变得勇敢积极呢？

专家建议

1.不要总是否定你的女儿

绝对不能对孩子使用的措辞：

"你为什么就不能够像谁谁。"女孩被对比，很可能增加她们本能的敌对情绪，甚至耿耿于怀。

"你真不懂事。"原本女孩做事就缺乏信心，这样的话更易刺伤她们，以后只会越做越糟。

"你真笨。"这绝对是最伤女孩的话，自卑、孤僻、抑郁、堕落都可能因此话而出现。

……

2.批评女孩，也不能全盘否定

"你平时的作文写得还不错，可这次的作文却不怎么好。"或"如果你再写上几篇这么糟糕的作文，你的语文就别想得到'良'。"虽然这两个批评所表达的意思是一样的，但前者却比后者易于被孩子接受。

当女孩缺乏信心或失去信心时，父母可以适时对她说"嗯！做得不错"或"想必你已经用心去做了"等表示支持的话语，就是所谓前段的"感化"，最后再鼓励她："如果能再稍微注意一点，相信下次可以做得更好。"这种积极有建设性的检讨态度才能使女孩不断进步，更加有信心与父母沟通问题，重要的是目标具体明确。

3.帮助女孩找到长处

家长应该让女孩明白，我们永远是她坚强的后盾，当女孩遭受失败时，我们有责任鼓励她，教会她怎么应付困难。告诉女孩，任何人都有长处和短处，只知道自己的短处而不懂发挥长处是极其不利的。

　　有些女孩有音乐天赋，有些女孩会绘画，有些女孩能言善辩……做什么并不重要，重要的是如果她喜欢，不妨鼓励她发展，谁说爱好不能成为技能呢？为什么这些会如此重要？因为专注或擅长一件事情能帮助女孩建立自信。

　　自信对于女孩的智力发展影响很大，可是很多女孩在"一刀切"的教育模式下，在人生刚刚起步的阶段，就已经丧失了自信心。因此，作为父母，我们一定要引起重视，帮助其重建信心，正视自己，如此女孩才能健康地成长。

■ 引导孩子缓解紧张的情绪

家长的烦恼

　　玲玲是个从小就爱笑的女孩，现在的她已经初三了。尽管中考将近，但她似乎一点也不紧张，每天还是笑容满面的。事实上，玲玲的学习成绩并不是很好，一直在中游徘徊，从小学开始就这样，但也不知道为什么，一到大考，她好像总比平时发挥得好。当同学们问她怎么做到的时候，她的回答是："因为我相信我自己能考好，没什么可担心的。"

　　玲玲为什么能这样淡然？玲玲说："曾经我也是个自卑的女孩，但妈妈告诉我，'你长得不比别的女孩差，成绩也不是很差，有必要哭丧着个脸吗？'"在妈妈的鼓励下，玲玲也越来越自信起来。

　　中考很快来了，这天，当大家都忧心忡忡地进考场时，玲玲还是和平时一样笑着，成绩出来后，不出大家所料，玲玲顺利考入了该市的一家重点高中。

心理分析

故事中的主人公玲玲为什么运气那么好、逢大考必过？这与她的轻松心态不无关系，而这也来源于其母亲的鼓励。

我们都知道，每个人的一生总会遇到一些可能让我们心情紧张的事，例如，当众演讲、表演、面试等，我们常常会因为这些小事而坐立不安，而实际上，事情的好坏还在于我们看待它们的心态，如果我们用轻松的心态面对，那么，结局往往是利于我们的，你越是紧张，可能情况就越糟。

对于青春期的女孩而言，她们面临着逐渐繁重的课业负担和考试压力，再加上身体上的变化，她们很容易产生紧张的心理。此时，作为父母的我们，只有鼓励并帮助女孩，使其修炼出泰山崩于前而面不改色的淡定心态，才能以最佳的状态去解决问题。

事实上，作为过来人的我们也清楚，很多时候在孩子看来很严重的问题，其实并没有很糟糕，只要她能换个角度和心情去看待，就能看到另外一片风景。

专家建议

当我们的女儿出现紧张心理时，你可以帮助她们掌握以下调适方法：

1.告诉女孩应坦然面对和接受自己的紧张

你应告诉女孩："紧张是正常的，很多人在某种情境下可能比你更紧张。不要与这种不安的情绪对抗，而是体验它、接受它。要训练自己像局外人一样观察自己害怕的心理，注意不要陷入里边，不要让这种情绪完全控制住你，要告诉自己：'如果我感到紧张，那我确实就是紧张，但是我不能因为紧张而无所作为。'此刻你甚至可以选择和你的紧张心理对话，问自己为什么这样紧张，自己所担心的最坏的结果可能是怎样的，这样你就做到了正视并接受这种紧张的情绪，坦然从容地应对，有条不紊地做自己该做的事情。"

2.教女孩学做一些放松身心的活动

具体做法是：

①选择一个空气清新、四周安静、光线柔和、不受打扰、可活动自如的地方，找一个自我感觉比较舒适的姿势，站、坐或躺下。

②活动一下身体的大关节和肌肉，做的时候速度要均匀缓慢，动作不需要有一定的范式，只要感到关节放开，肌肉松弛就行了。

③深呼吸，慢慢吸气然后慢慢呼出，每当呼出的时候在心中默念"放松"。

④将注意力集中到一些日常物品上。例如，看一朵花、一点烛光或任何一件柔和美好的东西，细心观察它的细微之处。点燃一些香料，微微嗅它散发的芳香。

⑤闭上眼睛，去想象一些恬静美好的景物，如蓝色的海水、金黄色的沙滩、朵朵白云、高山流水等。

⑥做一些与当前具体事项无关的自己比较喜爱的活动，如游泳、洗热水澡、逛街购物、听音乐、看电视等。

3.督促女孩做足准备工作

对于青春期的女孩来说，她们缺乏自制力，尤其是学习和考试，她们常常临时抱佛脚，结果却因为准备不足而产生紧张心理。对此，作为父母我们要督促她：要想把事情做到最好，你必须在心中为自己设定一个严格的标准，并且在做事时，一定要按照这个标准来执行，绝不能马虎。这样，女孩不仅能减少紧张心理，还养成了严谨的思维习惯。

■ 轻轻打开孤独女孩的心扉

> **家长的烦恼**
>
> 　　张女士是一名公务员，在单位颇有业绩的她对女儿也寄予厚望，希望女儿能按照自己的想法规划她的人生。女儿一直是大家公认的乖乖女，但不知从什么时候起，女儿好像变得孤僻了，再也不愿和自己包括周围的长辈们说话了。
>
> 　　最近一段时间，张女士还发现，女儿的书包里好像多了一本日记，难道女儿有什么秘密？不会是交了男朋友吧？怀着强烈的好奇心，一个周末，张女士趁女儿不在家看了日记。令张女士意外的是，女儿并没有什么秘密，日记的内容只不过是学习压力的倾诉以及与好朋友相处的过程中遇到的问题。
>
> 　　看到这些，张女士悬着的心终于放下了，但从这件事之后，细心的女儿居然给日记上了锁，这让张女士又产生了很多疑问。

心理分析

张女士的教育方法明显不恰当，这样只会引起青春期女孩的反感。有时候，青春期女孩写日记，并不是因为她们有什么见不得人的秘密，只是需要找一个倾诉的对象。这是因为青春期的女孩都有孤独的心理特点。

青春期的女孩似乎都把日记本当作送给自己的第一份青春期的礼物。那么，她们为什么喜欢写日记呢？

女孩一到青春期，随着身体上的发育，她们在心理上也产生种种变化，她们对于以前父母灌输给自己的种种思想也产生怀疑，甚至不再相信成人，因此，她们会觉得孤独，需要一个倾诉的对象。此时，她们会选择一个完全属于自己、父母不会干涉到的空间，并将属于自己的心情、小秘密都倾诉出来。于是，她们会锁上房门，打开自己的那本日记本，将一天中遇到的快乐的、不快的、激动的、气愤的、伤心的事情都写下来。当她写完以后，发现心情平复了，感觉也好多了，虽然可能问题还是存在，事情未有转机，但她已经把极端的情绪从体内部分地转移到了日记本上，心里便轻松了许多。

作为父母，我们除了要保护女儿的日记外，还要找到与女儿沟通的方法，只有这样才能让她对你敞开心扉。

专家建议

1.了解青春期女孩身心发展的特殊性

的确，处于青春期的女孩，她们身心发展迅速且不平衡，很容易出现各种问题，包括变得孤僻等，但对此家长不必焦虑，而应该调整心态以平常心对待，否则会影响亲子关系。

2.改变以往的教养方式

我们不能再以对待小孩子的方式对待正在向成人转化的青春期女孩，对女孩要有尊重的意识。孩子是一个独立的个体，不能以自己的想法代替她的想法，所以要学会倾听女孩的心声，而不是一味的管教。这样才能化解女孩的对立情绪，让她们愿意把心里话说出来。

3.尝试与女孩建立起"朋友"的新型关系

当你的女儿进入青春期后，便产生一系列独立自主的表现：她们要求和成人建立一种不同以往的朋友式的新型关系，迫切要求老师和家长尊重和理解自己。如果家长和老师还把她们作为"小孩"加以监护、奖惩，而无视她们的兴趣、爱好，她们可能会以逃避的方式表示抱怨，甚至产生抗拒的心理。一般来说，从这时起，青春期女孩便开始疏远父母而更乐于和同龄人交往，寻找志趣相投、说得来的伙伴。她们的交往范围也不断扩大，先在班级中，而后可能发展到班外甚至校外。

因此，我们家长不要再把青春期的女孩当作"小孩子"来对待，要放手让她们独立处理一些事情，尊重她们的意见，信任她们，主动和女孩商量家中的一些事情，满足她们的正当要求。这样，她们便可以用朋友的身份与你沟通了！

别做喜欢嫉妒的少女

家长的烦恼

这天,在某小区门口,两个中年妇女在讨论自己的女儿:"现在的孩子,怎么小小年纪就有嫉妒心呢?对门张姐的女儿成绩好,我无意中夸了一句,女儿就愤愤不平地说:'老师包庇她。'开始我也没当回事。期末考试前,张姐女儿的几张复习试卷丢了,就来我们家,向我女儿借着复印,女儿一口咬定卷子借给表妹了。可是女儿根本就没有表妹,而且那天晚上,我看见女儿的书桌上竟然有两份复习试卷,很明显那女孩的试卷是被女儿偷了。我当时真是六神无主了,女儿怎么会这样呢?我意识到问题的严重性,特别焦虑,我想帮助女儿改掉嫉妒的陋习,可我真不知道怎么办?"

心理分析

的确,对于青春期的女孩来说,她们已经有了升学的压力,开始明白竞争的重要性,同时,也会不自觉地与他人作比较,当发现自己在才能、体貌或家庭条件等方面不如别人时，就会产生一种羡慕、崇拜或奋力追赶的心情，这是上进心的表现。但同时，因为青春期心理发展尚未成熟，女孩对自己各方面能力还认识不足，遇上比自己能力强的人时就会感到不安，就很容易产生嫉妒心理。嫉妒是对才能、成就、地位、条件和机遇等方面比自己好的人，产生的一种怨恨和愤怒交织的复合情绪，也就是通常所说的"红眼病"。

我们都知道，生活在一定群体中的人，往往会不自觉地与周围的人进行比较，有比较就有差异，于是，人们很容易产生嫉妒心理。美国著名心理学家布鲁纳曾经指出，好胜的内驱力可以激发人的成就欲望。但如果不能正确地认识竞争，就会导致人们在相互的竞争中产生嫉妒心理。嫉妒过于强烈，任其发展，则会形成一种扭曲的心理：心胸狭窄，喜欢看到别人不如自己，并喜欢通过排挤他人来取得成功。

青春期是个需要朋友的年纪，青春期的女孩也慢慢成为一个社会人，青春期是个为友谊劳心劳力的年纪，每个女孩都有几个朋友，但似乎这些孩子间都有一个威胁友谊的最大杀手——嫉妒。因为同龄的孩子之间往往免不了竞争，因此，很多女孩在面对比自己优秀、比自己成功的朋友时，就会产生心理不平衡，"和她做朋友，感觉自己像个小丑一样，简直是她的附属品"，这种心理很多女孩都有过。

作为女孩的第一任老师，父母在培养女孩健康的竞争心态上起着极为重要的作用。在培养女孩竞争意识的过程中，也应让女孩明白，竞争不应是狭隘的、自私的，竞争应具有广阔的胸怀；竞争不应是阴险和狡诈，暗中算计人，而应是齐头并进，以实力超越；竞争不排除协作，没有良好的协作精神和集体信念，单枪匹马的强者是孤独的，也是不易成功的。

专家建议

我们需要这样在沟通中引导女孩：

1. 引导女孩发现别人的长处和不足

如果我们的女儿能以良好的心态面对比自己优秀的朋友或者同学，不仅能学会用客观的眼光看待自己和对方，也能弥补自己的不足，这样，就不至于为一点小事钻牛角尖，还能交到帮助自己成长的真正的朋友。

2. 教育女孩在竞争中要学会宽容

生活中，有一些女孩在竞争中失败了，就会表现得不高兴、闷闷不乐，甚至憎恨胜利者、嫉妒胜利者，不与胜利者交往，并在其背后说坏话等。女孩有这一表现，证明她们还未能以健康、积极的心态面对得失。对此，父母在培养女孩竞争意识的同时，还应当提高女孩的竞争道德水平，教育女孩要学会以广阔的胸襟面对竞争中的得失，并让女孩明白竞争不应该是狭隘的、自私的，而是宽容的、大度的。

3. 教导女孩在竞争中合作

竞争愈是激烈，合作意识就愈是重要。因为个人的力量总是渺小的，家长要清醒认识到这个世界不仅有竞争，还要有合作，要培养女孩在竞争中合作。只有竞争没有合作只能造成孤立，带来同学关系的紧张，给自己平添许多烦恼，对生活和事业都非常不利。

例如，你可以告诉女孩："这次比赛中，××队的确赢了，但你发现没，他们这个团队合作得非常好，实际上，你所在团队的每个队员都有各自的优势，但却有个缺点，那就是你们好像都只顾自己，这是团队赛中最忌讳的。"

总之，作为家长，培养女孩的竞争能力就要让女孩明白，只有与嫉妒告别的人，才有可能获得最后的胜利，取得优秀业绩。妒忌心理是人与人相处、人与人竞争中存在的一种阴暗心理，对女孩来说危害性很大。因此，我们在培养女孩竞争意识的同时，更要注意培养女孩的竞争美德。

6

关注情绪变化，引导青春期女孩心向阳光

　　处在青春期的女孩正处于人生的岔路口，她们有着敏感的神经，这种敏感针对于她们周围的每一个角落，她们可能动不动就发脾气、焦躁不安、伤心等。此时，父母绝不能用言语暴力去激化矛盾，而应该在她们的这一极端时期扮演"消防员"，放下架子，主动和女儿聊天，了解她们的心理状况。如果发现问题，最好以建议的方式引导她们，通过关爱给予女儿稳定感，帮助你的女儿疏导青春期的种种负面情绪。

■ 青春期女孩的学习焦虑症

家长的烦恼

宋女士的女儿雯雯已经十五岁，马上要中考了，孩子一直努力学习，但最近，她却发现孩子点精神恍惚，束手无策的她带着女儿来心理诊所看医生。

在医生的指导下，雯雯说出了自己的状况：

"从初中三年级开始，我就出现了心理问题，每到考试临近，就紧张焦虑，还有严重的睡眠障碍。

"我在重点中学学习，从小有良好的学习习惯，记忆力也很强，遵守纪律，尊敬师长，因而深受老师的器重。

"因为老师器重我，所以只要市里、区里或学校里有竞赛活动，不管是什么竞赛，老师都要选派我去参加。为此，我的学习负担十分沉重，我感到精神压力很大，简直不堪重负。老师当然是一片好心，我也认为应当对得起老师，因而深怕竞赛失利，对各科的学习都抓得很紧。但在内心深处，我对这种竞赛性的考试很反感，对数理化的竞赛更是头疼至极。而老师却总是对我说，这是莫大的荣誉，是学校和老师对我的重视。我也只好硬着头皮强记强学强练。每逢竞考，'战前'的几天我都要死记硬背、苦练苦算到深夜。

"有天晚上，我正在背书，强记第二天竞赛科目的内容，恰逢邻居在请客喝酒，猜拳行令的声音很大，吵得我无法看书。我又急又气，心中烦躁至极。就是从那个时刻，我心头产生了强烈的怨恨：一恨老师总让我参加各种竞考，使我疲惫不堪；二恨隔壁的人整夜吵闹，扰乱了自己的复习；三恨母亲不该让我留在市里读这个使人疲于应付的重点中学。在这种焦虑、怨恨的情绪状态下，我一夜都没睡着，第二天在考场上打了败仗。而且从此就经常失眠、多梦，梦中总是在做数理的竞赛题，要不就是梦见在竞赛时交了白卷。而且，我开始上课集中不了精神，总是开小差，考试成绩也一次比一次差，为此，我很苦恼，我该怎么办？我还要参加中考呢！"

心理分析

雯雯的这种情况属于青春期焦虑症，焦虑症即通常所称的焦虑状态，全称为焦虑性神经症。

那么，什么是青春期焦虑症呢？焦虑症是一种具有持久性焦虑、恐惧、紧张情绪和植物神经活动障碍的脑机能失调，常伴有运动性不安和躯体不适感。发病原因为精神因素，如处于紧张的环境不能适应，遭遇不幸或难以承担比较复杂而困难的工作等。

焦虑症的病前性格大多为胆小怕事，自卑多疑，做事思前想后，犹豫不决，对新事物及新环境不能很快适应。

处于青春期的女孩向来是焦虑症的易发人群。许多女孩在这一期间会变得异常敏感，情绪不稳，由于身心都没有发育成熟，往往无法正确排解自己的不良情绪，青春期焦虑症就是一种常见的心理疾病。

青春期是人生的转折点，身体上的变化也给女孩的心理带来一些冲击，她们会对自己的身体产生一种神秘感，甚至不知所措，她们可能因此自卑、敏感、多疑、孤僻。青春期焦虑症会严重危害女孩的身心健康，长期处于焦虑状态，还会诱发神经衰弱症。那么，父母该如何指导青春期的女孩缓解青春期焦虑症呢？

专家建议

我们可以传授给女孩以下几种心理疗法：

1.自我暗示

自我治疗和心理暗示是治疗青春期焦虑症的最有效的方法。青春期的女孩在日常的学习和生活中，不免会遇到一些不愉快的事，这时，你可以告诉女孩这样进行自我暗示：树立自信，正确认识自己，相信自己有处理突发事件和完成各种工作的能力，坚信通过治疗可以完全消除焦虑疾患。通过暗示，每多一点自信，焦虑程度就会降低一些，同时又会反过来使她变得更自信，这个良性循环将帮助女孩摆脱焦虑症的纠缠。

2.分析疗法

事实上，青春期女孩的焦虑症很多是由于曾经发生过的事带来的情绪体验，从而影响到潜意识。因此，要想这些被压抑的潜意识消失，父母可以帮助女孩做自我分析，分析产生焦虑的原因，或通过心理医生的协助，把深藏于潜意识中的"病根"挖掘出来，必要时可进行发泄，这样，症状一般可消失。否则，女孩会成天忧心忡忡、惶惶犹如大难将至，痛苦焦虑，不知其所以然。

3.转移女孩的注意力

焦虑症的女孩发病时脑中总是盯紧某一目标，然后胡思乱想，坐立不安，痛苦不堪，此时我们可帮助孩子转移注意力。如果女孩胡思乱想，你可以找一本有趣的、能吸引人的书给她读，或带领孩子参加她喜欢的娱乐活动，或进行紧张的体力劳动和体育运动，以帮助其忘却痛苦。

当然，如果你的女儿心理治疗无效，就要在医生的指导下服用相应的药物。总之，青春期焦虑症对女孩学习、生活、人际交往等都产生了十分消极的影响，我们父母必须引起重视，以帮助女孩尽早从焦虑的阴影中走出来！

■ 青春期女孩迷茫，不知前进的方向

家长的烦恼

梅女士的女儿叫湘湘，上初三，湘湘总是失眠，晚上熬到三点多才能勉强睡去，可是，没睡一会儿又会自己醒来，上课的时候，注意力也总是不集中，老师讲的内容听不进去，大脑一片空白。一回到家，她又会心情非常烦躁，紧张不安，感觉无聊，脑子始终昏沉沉的。无奈之下，梅女士带着女儿来看心理医生。

经过心理医生了解，原来湘湘这种焦躁不安的心理来源于她对未来的茫然：梅女士自己出生于一个书香世家，对女儿的管教一直比较严格，而对于湘湘来说，父母的苛求逐渐转化成她对自己的标准，她所接受的暗示是"只有自己表现得尽善尽美了，只有有一个光明的前程，父母才会满意，我才会拥有他们的爱"。所以一直以来湘湘都不敢放松，努力追求完美的目标，但在最近的几次阶段性考试中，湘湘考得并不好，这让湘湘很担心，自己的成绩会不会一直这样下降下去？就这样，这样的紧张与不安让湘湘变得压抑、敏感，并开始失眠。

心理分析

湘湘的情况并不是个案,很多青春期的女孩都遇到过类似的问题,而作为父母的我们也为此担心。青春期对于任何一个女孩来说,既是快乐的,又是艰难的,快乐在于她们终于长大了,而同时,她们又不得不面临很多问题。

青春期是每个人孩提时代与未来生活的过渡期,这个阶段的女孩常因为对未来的茫然而焦躁不安。这一过程充满了成为成人必须完成的任务,其中包括重要的两项:在人际交往方面变得成熟和找到未来事业的方向。

青春期这个阶段是儿童向成人转变的过渡阶段。在这个阶段,有关自己和社会的各种信息纷至沓来,他们需要经过不断地思考,最后才能确定自己的生活目标。青春期的女孩此时认识到,她们不仅是老师的学生,父母的孩子,她们还必须给自己定位,即搞清楚"我是谁?""我以后要成为谁?""我要做什么?"——这是在青春前期已经出现,但需要在整个青少年时期才能完成的任务。

青春期的女孩渴望和外界接触,渴望交朋友,但她们同时也明白,青春期是每个人长大成人的关键一步,一步没走好,这辈子都会有阴影。因此,她们想要努力学习,不让父母失望;她们也会思索,学习是为了什么?学习好就一定能生活幸福吗?当众多问题纷至沓来的时候,她们变得不安了、焦躁了……

处在青春期的女孩们,思想较为叛逆,什么事情都不爱跟家长沟通,总是认为自己长大了,自己的事情可以自己处理,什么事都憋在心里,长久下去就会导致情绪低落。于是,很多父母感叹:我该怎么帮助我的女儿?

专家建议

1. 先肯定女孩的想法，然后加以引导

女孩在谈及自己未来的打算或理想时，为人父母者，不要因为孩子的想法幼稚或不符合自己的想法而轻易去否认。无论是什么理想，父母都应该给予充分的肯定，并要恰当地告诉她实现这一理想必须具备的知识。例如，你的女儿说她长大了要当护士，有的父亲就怒目而视："你怎么净想干伺候人的活儿？"其实，孩子的想法是单纯的，并且随着时间的推移和成熟度的提高会不断改变。这时候，正确的方法是告诉她，护士和医生一样，都是救死扶伤的工作，做好护士相当不容易……孩子应该是在鼓励声中长大的，如果她的理想总是无端地遭到家长的反对，久而久之，这个女孩将度过平庸的一生，她将很难奢望未来。

2. 让女孩体验成功，激发女孩学习的动力

每个人都希望可以成功，在成功中，人们更能明确自己的目标。因此，当女孩取得了哪怕很小的进步的时候，家长也要予以鼓励，在得到积极的反馈后，她们会继续朝着目标努力。如果父母总是打击她们的积极性，恐怕女孩很容易在日后的困难面前退缩。

3. 指导女孩了解社会，让女孩的目标与理想具备可行性

青春期的女孩在规划自己的人生的时候，可能会显得不切实际，这是因为她们不了解社会。家长一定要帮助女孩了解时代的特点，让她们认识到，未来社会只有具备一定知识的人才，才能有机会实现自己的价值，同时，也才能为社会贡献力量，这样才会使她们感到学习是一种需要，需要产生动机，动机促使行动，才能使她们以顽强的毅力、高度的自觉性和责任感努力学习。

的确，青春期是一个可以为未来做打算的时期，是一个为十几岁的孩子将要离开家开始独自生活做好准备的时期。作为父母的你，应该审慎地对待这一点：让女儿自己做决定，放弃自己的权威，并帮助你的女儿对未来做出一些规划，让其坦然面对当下！

■ 青春期女孩情绪容易不稳定

家长的烦恼

　　崔女士在一家私企当主管，手下管着几十个人，所以工作很繁忙，免不了回到家还带着工作的情绪。

　　这不，她回到家看见丈夫居然在看报纸，也不做饭，就有点不高兴了："蕾蕾一会回来饿了怎么办？你怎么不做饭？"

　　"我怕我做饭了，你们母女俩又不合意，那不找骂吗？"看到丈夫一脸委屈的样子，她也就没说什么了。

　　"爸妈，我饿了，怎么还不做饭？"这时，蕾蕾正好也回来了。看见爸妈没做饭，不高兴了，一把把门摔上，看自己的书去了。

　　"这孩子怎么了，怎么现在脾气这么坏了？小时候可不是这样，越长大越不好管了啊？我去跟她评评理，这是什么态度？"崔女士很是生气，正想冲进女儿的卧室教育女儿一下，却被丈夫一把拉住。

　　"孩子这个年纪，情绪不稳定是正常的，我们大人也不例外，你刚刚回家，不也是这样吗？我们要理解呀……"崔女士觉得是这么个理儿，气也就消了。

心理分析

任何人都是有情绪的，包括喜、怒、哀、乐、恐惧、沮丧等，因为人是情绪动物，人的情绪也是与生俱来的，而且到了青春期，每个孩子的情绪变化得会更快。青春发育期作为一生中迅猛发育的时期，生理、心理都在急剧变化，特别是生殖系统的突变，会给青春期女孩带来不少暂时性的困难。同时，她们要求独立的意识也随之加强，于是，这时期的女孩会像一匹脱缰的野马，那些情绪也随之四处乱撞。可能刚刚那个活泼开朗的女孩一下子就变得闷闷不乐、喜怒无常、神神秘秘了。

女孩子长大了，很多父母知道为女孩增加丰富的食物营养，却不太注意这个时期的女孩内心世界的变化和需要，对于女孩多变的情绪也无从理解，这导致父母与孩子的距离越来越远，也很容易产生亲子关系的对抗，很多女孩发出感叹："为什么爸妈不理解我？"

因此，当女孩进入初中以后，父母要体贴和帮助女孩，要对女孩身心发展的状况予以留意，对她们某些特有的行为举止予以理解并认真对待。认识到青春期的特点、理解女孩，才能和女孩做朋友，帮助女孩度过这个"多事之秋"！

那么，作为父母，当你们对女孩的情绪予以理解以后，又该怎样帮助女孩顺利梳理好情绪呢？

专家建议

1."降温处理法"

"情绪"之所以称之为"情绪"，就是因为它一般是"一时兴起"的，在这种情况下，不管做什么事情都是不理智的、欠缺考虑的。所以，作为父母，当你的女儿产生情绪后，你不妨先不理她，这既可以让你自己先冷静下来，也给了女孩一个考虑的时间，避免了在气头上把本想制止女孩不听话的行为变为"我就不信管不了你"的较量或在女孩身上发泄怒气，也不给女孩因"火上加油"而继续发作的机会。

其实，这是一种心理惩罚，冷静下来后她会发现，自己的这种情绪完全是没有道理的。当女孩的情绪"温度"被降下来以后，你再告诉她你这样做的目的是为了不让她冲动，然后让她也学会这种情绪调节的方法，以此帮助她提高自我控制能力。

2.做好表率，在生活中多寻找情绪的出口

家庭气氛的融洽与否，直接关系到女孩的情绪自我控制能力。如果在一个家庭中，父母动不动就大发雷霆，或者父母脾气暴躁，那么是培养不出一个自我情绪控制良好的女孩的。因为父母解决问题的方法、对他人的态度会潜移默化地影响女孩，如果女孩从他们身上接收的是消极的处事策略，久而久之，好发脾气、我行我素等不健康的个性就会在孩子身上显现。所以，在家庭教育中，父母要想成为女孩的朋友并用自己的言行积极地影响女孩，就必须首先改变自己，当你要发脾气之前想想身边的孩子，控制住自己，换一种方式解决问题，也为自己找个情绪的出口；当你的脾气难以克制，已经发出之后，记得对身边的女儿说声："对不起，我错了！"

3.培养女孩理智的个性品质

每个女孩与生俱来都有着不同的个性特点，但不管哪一种个性的形成都是一个渐变的过程。有些女孩把什么都挂在脸上，做事冲动，情绪易怒等，如果父母对于女孩的这种个性品质听之任之，那么，女孩就会把父母的容忍当成武器，而如果父母在生活中能够对女孩晓之以理，让孩子从各个方面了解做事情绪化的危害，那么，女孩也就能慢慢学会控制自己的情绪，逐渐变得理智、成熟起来了。

以上是几个简单的能帮助青春期女孩调节情绪的方法，但前提是，作为父母一定要理解女孩，如果家长经常用指责训斥的粗暴方法压制女孩，容易使女孩产生逆反心理，她们会以执拗来对抗粗暴、发泄不满，同样不利于女孩控制情感和自己的行为，也会使女孩变得任性。父母和女孩做朋友，用理解、劝导的方式来指导她们，她们一定可以快些度过这一情绪多变期！

■ 青春期女孩总是静不下心来

家长的烦恼

周六晚上,周女士在小区花园散步,遇到了郑女士正急急忙忙往外走,周女士问:"您这是往哪儿赶啊?"

"去接苗苗啊,她在架子鼓班学架子鼓,大晚上的,我去接一下。"

"怎么是架子鼓?前几天听您说,苗苗在学钢琴啊?"

"哎,您就甭提这茬了,这孩子,一天一个花样,今天想学这个,明天想学那个,我都被弄糊涂了。"

"孩子到了青春期,心很浮躁,您得帮助孩子克服啊,不要孩子想学什么就是什么,这样没有目的地学,哪里能学得好?"

"你说得对,我原本还以为这是孩子的兴趣所在呢,我先去接苗苗了啊……"说完,郑女士就急急忙忙地走了。

心理分析

青春期是个半成熟的年纪,处于青春期的女孩心灵深处总有一种茫然不安，让她们无法宁静，这种力量叫浮躁。"浮躁"指轻浮急躁，做事无恒心，见异思迁，心绪不宁，总想不劳而获，成天无所事事，脾气大，忧虑感强烈。浮躁是一种病态心理表现，其特点有：

①心神不宁。面对急剧变化的社会，不知所为，心中无底，恐慌得很，对前途毫无信心。

②焦躁不安。在情绪上表现出一种急躁心态，急功近利。在与他人的攀比之中，更显出一种焦虑不安的心情。

③盲目冒险。由于焦躁不安，情绪取代理智，使得行动具有盲目性。行动之前缺乏思考，只要能赚到钱，违法乱纪的事情都会去做。这种病态心理也是当前违纪犯罪事件增多的一个主观原因。

可以说，浮躁是青春期的女孩成长路上的大敌，例如，有的女孩看到歌星挣大钱，就想当歌星；看到企业家、经理神气，又想当企业家、经理，但又不愿为了实现自己的理想努力学习。还有的女孩兴趣爱好转换太快，干什么事都没有常性，今天学绘画，明天学电脑，三天打鱼两天晒网，忽冷忽热，最终一事无成。

浮躁心理的产生主要有以下原因：

1.家长的影响

家长在教育女孩的时候，总是患得患失，心神不安，甚至放任女孩的错误，而放手让女孩自己成长，又怕女孩受伤害；在事业上，也有的家长急于脱贫或改变生活的现状，表现得急功近利，出现急躁的心态，这种心理也影响到女孩。

2.与遗传有关

心理学研究表明，具有强而不灵活、不平衡的神经类型的人，容易急躁，沉不住气，做事易冲动，注意力易分散。

3.意志品质薄弱

有的父母只知给女孩灌输知识，却不知培养女孩的意志品质，因而造成有的女孩学习怕苦怕累，做事急躁冒进，缺乏恒心。

专家建议

为了改变女孩的浮躁心理，父母应指导女孩注意以下问题：

1.教育女孩立长志

父母在帮助孩子树立远大理想时，要注意两点：

一是立志要扬长避短。有的女孩立志经常不考虑自身条件是否可行，而是凭心血来潮，或看到社会上什么挣钱，就想做什么工作。这种立志者多数是要受挫的。父母应该告诫女孩，根据自己的特点来确立目标（最好和女孩一起分析孩子的特点），才会有成功的希望，千万不要赶时髦。

二是立志要专一。俗话说："无志者常立志，有志者立长志。"父母要告诉女孩立志不在于多，而在于"恒"的道理。要防止女孩"常立志而事未成"的不良结果的产生。正如赫伯特所说："人无论志气大小，只要尽力而为，矢志不渝，就一定能如愿以偿。"

2.重视女孩的行为习惯

一是要求女孩做事情要先思考，后行动。例如，出门旅行，要先决定目的地与路线；上台演讲，应先准备讲稿。父母要引导女孩在做事之前，经常问自己这样一些问题："为什么做？做这个吗？希望什么结果？最好怎样做？"并要具体回答，写在纸上，使目的明确，言行、手段具体化。二是要求女孩做事情要有始有终。不焦躁，不虚浮，踏踏实实做每一件事，一次做不成的事情就一点一点分开做，积少成多，积沙成塔，累积到最后即可达到目标。

3.用榜样教育孩子

身教重于言教。首先父母要调适自己的心理，改掉浮躁的毛病，为女孩树立勤奋努力、脚踏实地工作的良好形象，以自己的言行去影响女孩。其次，鼓励女孩用榜样，如革命前辈、科学家、发明家、劳动模范、文艺作品中的优秀人物以及周围的一些同学的生动、形象的优良品质来对照检查自己，督促自己改掉浮躁的毛病，教育培养其勤奋不息、坚忍不拔的优良品质。

另外，在日常生活中，父母还应采取一些措施，有针对性地"磨炼"女孩的浮躁心理。如指导孩子练习书法、学习绘画、弹琴、解乱绳结、下棋等，这些都有助于培养女孩的耐心和韧性。此外，还要指导女孩学会调控自己的浮躁情绪。例如，做事时"不要急，急躁会把事情办坏""不要这山看着那山高，这样会一事无成""坚持就是胜利"。只要女孩坚持不断地进行心理上的磨炼，浮躁的毛病就会慢慢改掉。

7

理解敏感心理，培养女孩良好的心理承受能力

  我们不得不承认，现在的很多青春期女孩都生活在蜜罐里，过着衣来伸手，饭来张口的生活。她们是整个家庭的"中心"，父母过度地"富养"，让女孩缺乏承受挫折的机会，更没有承受挫折的思想准备。所以当挫折摆在面前的时候，这些女孩就会表现出懦弱、悲观、处处想逃避它的想法。但是生活并非一帆风顺，而是处处藏着逆境的。因此，对青春期的女孩进行挫折教育，使她们懂得如何正确对待挫折、失败、困难，从而具有较强的心理承受能力和坚强的意志，懂得重新来过，对于她们将来的成长有着非同寻常的意义。

■ 父母的鼓励是培养女孩自信心的第一步

> **家长的烦恼**
>
> 淼淼已经13岁了,她一直爱好音乐,爸爸妈妈虽然不同意淼淼以后以音乐为生,但拗不过女儿,还是答应了淼淼的要求,淼淼每周末要么去学钢琴,要么去学小提琴。但淼淼是个三分钟热度的孩子,兴趣来得快,也去得快,爸爸妈妈从没想过淼淼能学出什么名堂来。
>
> 有一个周六的晚上,妈妈和爸爸一起去小提琴培训班接淼淼,回家的路上,淼淼说:"爸妈,我想参加市里面的小提琴大赛,我们学校都没几个人敢报名呢,你们说我可以报名吗?"
>
> "平时出于兴趣去学一下那些,我们是不反对的,可是我看你还是别报名的好,肯定没戏……"淼淼爸爸给女儿泼了一头冷水。
>
> "你可别这么说,谁说我们淼淼没戏了,我看淼淼很有音乐天赋。淼淼,你去报名,妈妈相信你一定可以的!"受到妈妈的鼓励后,淼淼顿时精神大振。
>
> 从那天后,淼淼把每天的空余时间都拿来练琴,小提琴拉得越来越好,果然,在市里的初中生小提琴大赛上,淼淼不负厚望,取得了第二名的好成绩,而淼淼妈妈也认为自己是最有眼光、最明智的妈妈。

心理分析

　　自信心是一种积极的心理品质，是人们开拓进取、向上奋进的动力，是一个人取得成功的重要心理素质。自信心在个人成长和事业成就中具有显著的作用。对于成长阶段的女孩来说，如果缺乏自信心，常常表现胆怯、遇事畏缩不前、害怕困难、不敢尝试，女孩的认知能力、动手能力、交往能力及运动能力等发展就缓慢；相反，女孩具有自信心，胆子大，什么事都敢尝试，积极参与，各方面发展就快。

　　关于这一点，心理学上有个著名的"手套效应"：

　　一个男孩和很多同龄的孩子一起接受垒球训练，一天，教练让队员排成一行，练习击球。别人都击得很好，唯独那个男孩总是不能击中目标，其他的孩子开始议论说"他不是打垒球的料"。这个男孩很懊恼，并向教练要求退出球队，教练对他说："不是你不会打球，而是你的手套有问题。"随后，教练给了这个男孩一副新手套，并鼓励他说："你绝对是打垒球的料，你会成为优秀的垒球队员！"

　　果然不出教练所料，带上手套后孩子努力训练，最后成为了一名出色的垒球手！

　　表面看来，好像是手套起了作用，其实不然，起作用的是教练给孩子带上手套的那一刻说的那句话："你绝对是打垒球的料。"正是有了教练的这种鼓励，孩子才对自己充满了信心！

　　对于青春期女孩来说，生活、学习环境的改变，竞争压力的增大，很容易挫伤女孩学习、交际的积极性，让女孩失去信心，同时，来自家庭的因素也会影响女孩的自信心，例如，女孩从小到大，衣来伸手饭来张口，久而久之，什么也不会干,她的自信心也越来越弱了。

青春期也是一个人个性、心理品质形成的重要时期,这时期女孩是否自信,也影响到女孩未来人生路上是否能勇敢面对各种挑战,决定了她们将来是否能成为充满自信、有坚强毅力和足够勇气的人。因此,自信这种心理品质应该从家庭中培养,在女孩青春期应该着重培养。言传不如身教,培养女孩的自信心,不是单纯的几句说辞,而需要父母从生活中的点点滴滴入手。

那么,我们该怎样鼓励女孩树立自信心呢?

专家建议

1.多鼓励,让女孩勇于尝试

我国著名教育家陈鹤琴先生在讲到孩子的心理特点时指出:"小孩子喜欢成功的""小孩子喜欢称赞的"。其实,这种心理需求,青春期的女孩也是需要的,家长的鼓励是女孩最希望得到的肯定。因此,无论你的女儿学习成绩怎样,无论女孩做什么事,只要她去干,就要给予她肯定与鼓励。还要善于发现女孩的点滴进步和成功,给予适当赞赏,使她们积累积极的情感体验。

2.多赏识,让女孩发现、肯定自己的优点

对于很多家长来说,似乎"孩子总是别人的好",别人的孩子听话、懂事,对自己的女儿似乎总是"恨铁不成钢",对于自己女儿的长处和优点视而不见,充耳不闻。

家长应该意识到,你的女儿也有优点,只是你没有注意,女孩为什么总是考不好,不是女孩不认真学习,而是你一味地贬低她,让她失去了信心,如果你开始发现她的优点并加以赞赏,想必你的孩子一定会信心大增。

3.教女孩学会体验成功

只要尝过成功的滋味，伴随而来的就是无比的喜悦以及对自己的坚定信心。所以先让女孩尝尝成功的喜悦，这是让女孩建立信心最简易的方法。当女孩做成一件事后，你首先应该夸奖她，告诉她："你做得真棒！"适当的时候，你可以采取物质奖励的方式。而当女孩缺乏自信时，你可以告诉女孩："勇敢一点，爸妈为你骄傲！"当女孩体验到成功的美好后，也就不会畏首畏尾，而是大胆地去争取了。

总之，自信心是女孩子成长道路上的基石，是学习过程中的润滑剂，是生活中必不可少的勇气。自信心是在实践中培养起来的。因此，在日常生活中，父母一定要相信自己的女儿，给足女孩鼓励，她才能昂首阔步走向社会，去克服人生道路上的种种艰难险阻，迎接各种挑战。

■ 引导女孩缓解排名的压力

家长的烦恼

刘先生的女儿名叫小凡，已经14岁了，刘先生一直以小凡为骄傲。这不，初二伊始，小凡就报名了该市第三届校园主持人大赛，经过资格赛、预赛、半决赛和总决赛，小凡从160多名小选手中脱颖而出，获得了"金话筒奖"。比赛历时近两个月，看到女儿从刚开始率性的自我介绍到后来镜头前自如地主持，刘先生真切地感受到了女儿一路的成长，因而倍感欣慰。

比赛结束这天，刘先生和妻子准备了一桌子的饭菜，为女儿的成功庆祝。傍晚，女儿从学校回来，表现的并没有刘先生想象中那么高兴，反而是一脸愁容。

"怎么了，拿了第一名应该高兴啊。"

"我知道，可是这次我拿了第一名，下次我还能拿第一名吗？今天老师已经表态了，以后这种比赛项目我都要参加，我要是拿不到奖项，老师一定会失望，同学们也会笑话我，我也对不起你们。这次参赛，从主持词的撰写到排练节目，从发型的设计到服装的搭配，你们都是全程陪同的，我参赛时唯一的念头就是拿第一，可是谁能保证下一次呢？"

听到小凡这么说，刘先生若有所思，原来女儿担心的是这个。是啊，一个已经站在成功者位置上的孩子或许更害怕失败吧！

心理分析

很多成绩优异的青春期女孩都有和小凡一样的烦恼，尤其是在获得好名次之后，她们在欣喜之余，内心压力往往更大。其实这是一种输不起的心态。

曾经有篇报道，讲的是一个成绩优异的初中女孩离家出走的故事。这个女孩在小学成绩一直名列前茅，其他方面也甚优，她从来就没输过。然而上了重点中学之后，她在众多的尖子生中很难再独占鳌头。因为输不起，所以她选择了出走。

其实，青春期女孩之所以压力大，与父母也有着很大的关系。每当女孩成功后，我们一般都会这样对女孩说："下次继续努力，一定要再考好一点。""不要骄傲，你还有更大的目标。"而这无疑是在告诉女孩："你下次不许输。"这是一种无形的压力。因此，作为父母，如果你希望女孩真的从竞争中获取知识、锻炼自我，就必须让女孩摆脱这种压力。

专家建议

1.不要只关注女孩的名次

当我们把沉重的分数、名次强加在女孩身上时，我们实际上是剥夺了她对丰富多彩的生命的体验，剥夺了她的人生选择权，剥夺了她的快乐和健康，我们这是在爱她还是在害她？

好学成性的女孩、终身学习的女孩会越学越有学习的劲头；为考试、为名次学习的女孩，学到一定时候就会厌倦学习、痛恨学习，这是教育成功与否的分水岭。只要女孩肯钻研、爱学习，不管成绩怎样，都是值得赞赏的。相反，女孩一心就想得高分、获得好名次，那才是值得警惕的。

2.引导女孩全面发展

一个只专注于某一方面特长或者某一爱好的女孩，一般在此方面投入的精力更多，期望也就越多，但"人外有人，山外有山"，即使她们这次成功了，但并不一定代表她们能永远成功。而如果我们能培养女孩多方面的能力、兴趣、爱好等，那么，女孩在拓展视野的同时，也会学习到各种抗挫折的能力、知识、经验等，会具有更加完善的人格，这对于提高女孩的自理能力、交往能力、学习能力和应变能力都有很大的帮助，也为她们独自战胜困难提供勇气和方法。

3.鼓励女孩勇于创新

女孩害怕下次失败，主要是因为女孩害怕被超越，那么，作为父母，我们只有让女孩明白，进步才能获得更强的竞争力，这样女孩才能把压力化作动力。然而，没有创新就不可能进步。因此，家长在教育女孩时，要善于激发女孩的求知兴趣和求知欲望，鼓励女孩多动脑、动手、动眼、动口，使其善于发现问题、提出问题，并尝试用自己的思路去解决问题。不要用现成答案和传统的教育模式来限制女孩，束缚女孩的思维和手脚。当孩子有"新思想""新发明"时，家长应及时给予肯定和表扬，并鼓励女孩坚持探索。

总之，作为家长，我们要让女孩明白，积极参与竞争是对的，但是不应该把"第一"当成竞争的唯一目的，而应该在参与过程中培养良好的品质，如遇事冷静、沉着、性格开朗等，这些个性品质比"第一"重要得多。

■ 允许女孩失败，她才能够更成功

家长的烦恼

　　查太太的女儿叫姗姗，上初中一年级，是一个好强的孩子，在学校认真听讲，回到家主动学习，从来不用家长催促，也非常有责任心。查太太越是看到这一点，越是对女儿表现得更宽容些，认为这样才能给她完善的成长环境。

　　但事实上，似乎孩子的成长并不如家长预期的那样完美。查太太在谈到自己的女儿时说："有一次班里选班长，女儿觉得自己无论能力还是责任心都能胜任，就信心百倍地参加竞选，并且在竞选演讲中充分展示了能力与信心，也获得同学们的掌声，可是等到投票结果出来，她却以一票之差输给了班里的另一个同学，班长的职务就与她失之交臂。女儿很失望，放学之后，没理会同学就一个人回家了。这次的失败对女儿的打击很大，她不知该怎样应对，无论我们怎样开解，告诉她一两次的失败并不代表什么，只要尽力就可以，可是女儿依然背负了沉重的包袱。虽然表面上女儿还是和以前一样上学、放学，但我感到女儿好像变了，她不再那么开朗，开始变得做什么事都畏首畏尾，好像很怕输，我真不知道该怎么办了，怎样才能帮助女儿走出失败的阴影呢？"

心理分析

姗姗的这种心态就是"输不起"，这在很多成绩优秀的青春期女孩身上都会发生，这些女孩有主动的上进心和要强的性格，但一遇到失败，就很容易产生挫折感而变得一蹶不振。其实，这是与家长的教育方式有关的。有些家长和姗姗的父母一样，虽然倾心为孩子创造宽松、舒适的生活学习环境，但极有可能会适得其反，给女孩造成一种更大的、无形的压力，导致女孩因精神过度紧张而屡屡受挫。他们以为，女孩学习成绩好，就可以忽略女孩的心理成长。而实际上，女孩内心的能量并没有那么强，但是家长无形中施加的目标又很远大，所以女孩很容易在一些竞争方面的事情上表现得异常紧张，因为她想利用这些来证明自己的能力。

还有一类家长，他们对于女孩的要求过于严格，不允许女孩犯一点错误，不允许女孩失败，希望女孩在成长的道路上能少走弯路，或者不走弯路，于是，当女孩做出了一个决定，而这个决定在父母看来肯定要失败的时候，父母们往往接受不了，急于上来阻止女孩走错路或者直接"越俎代庖"。但事实上，女孩不走弯路、不经受失败的这种愿望是不可能的，人的一生，不可能一帆风顺，只有经历了挫折与磨难的考验，女孩才能真正地成长。

在这种教育态度下成长的女孩，哪里经得起风雨。因此，从现在起，家长要改变自己的教育态度和方法，要让女孩明白，"失败"也是一种人生经历，要让女孩经得起失败。

专家建议

具体来说，我们应该这样引导女孩：

1.失败是女孩的权利，允许女孩失败

女孩的成长过程是个必然伴随着错误和失败的过程，这个过程是任何人都不能代替的，父母爱孩子，并不是要包办代替、过度保护女孩，因为在爱的旗帜下，女孩们感受失败的权利被剥夺了。

虽然有时女孩的水平可能确实不如成人，她的知识、技能方面都没有成人熟练，但这就是她们的成长。她必须经历一个自我探索的阶段，因此我们对女孩的这种所谓的失败，要给予理解、给予宽容，只有亲身经历过失败才能使女孩长大成熟起来，也正是经受失败的一次次洗礼，女孩的羽翼才会逐渐丰满，心智才会逐渐成熟，这一过程，父母可以引导，但决不能代替。

2.鼓励女孩去冒险

女孩如果总是逃避风险，就会缺乏战胜失败与挫折的信心，因为她不了解成功的真正含义。如果你希望你的女儿自信，那么，就让她为了成功而锻炼。鼓励她去做她从来没有做过的事，对她的新计划大加赞扬。应让女孩记住，有缺点是正常的，在一件事情上的失败并不等于是一个失败者。

3.提高女孩解决问题的能力，引导女孩从失败中站起来

父母，都希望孩子能在成长的路上少遇到一些失败，这是人之常情，但家长在平时的生活中不要过分刻意地为孩子排除一些在正常环境中可能遭遇到的困难。当女孩遇挫时，家长不要立刻插手，不妨留给女孩自己面对失利的空

间和机会。当女孩不能独自解决的时候，你可以和她一起讨论，引导女孩去思考，然后让她自己去执行解决的办法。

身处逆境、遭遇挫折未必都是只具有消极的意义，适度的挫折是一种挑战和考验，可以帮助人们驱走惰性，获得动力，促进人们奋进。"失败"也是一种人生经历，女孩正是由一种不完美走向完美，从不成熟走向成熟，这就是一个长大的过程。总之，对于青春期的女孩，我们要培养她们"输得起"的心态，只有这样，她才会有更多赢的机会。在女孩稚嫩的心灵埋下百折不挠的种子，帮助女孩树立正确的人生理想，教育女孩坦然面对挫折，指导女孩稳妥地驾驭环境，增强孩子的心理免疫力，才能使女孩健康快乐地走好人生的每一步！

■ 让女孩学会坦然接受挫折

对于人格、品质都处于形成期的青春期女孩来说，挫折教育也必不可少。无论我们对女孩的期望有多大，希望女孩将来从事什么样的职业，当下我们都应该帮助女孩学会如何面对挫折和困难，而不应该一味地宠溺女孩，不让孩子经受一点风浪。这看似是爱女孩，实际上是害了她，只能让她们长大后陷于平庸和无能。

而现实生活中，很多父母给予女孩的更多是物质和财富，而不是培养女孩独立面对生活和挫折的好心态，轻则导致女孩胆怯懦弱，重则产生无法弥补的后果。

事实上，困难和挫折是一所最好的学校，在这所学校里，女孩能历经磨炼，"艰难困苦，玉汝于成"。没有尝过饥与渴的滋味，就永远体会不到食物和水的甜美，不懂得生活到底是什么滋味；没有经历过困难和挫折，就品味不到成功的喜悦；没有经历过苦难，就永远感受不到什么叫幸福。尽管每位父母都不想让女孩去经历苦难，希望她的人生路上充满笑脸和鲜花，但生活是无情的，每个人的人生路上都会有各种各样的苦难，畏惧苦难的人将永远不会有幸福。

专家建议

1. 父母的心态影响女孩的心态

作为父母，我们也是女孩的老师。父母如何对待人生的挫折，首先是对父母人生态度的一个考验，其次影响着女孩对待挫折的态度。

如果我们在挫折面前积极乐观，把挫折看成人生的一个新契机，那么女孩在我们家长的影响下，也会直面人生的各种挫折，以积极的心态去迎接各种挑战。反过来，如果我们在挫折面前消极悲观，回避现实，那么只能降低自己在女孩心目中的威信，更不利于教育女孩正视挫折。

俗话说得好："假如你选择了蓝天，就不要渴望风和日丽；假如你选择了陆地，就不要渴望大陆平坦；假如你选择了海洋，就不要渴望一帆风顺。让我们勇敢地面对挫折，生活会因有了挫折而更加精彩。"我们要明白这个道理，并言传身教，在日常生活中，给女孩一个积极的印象，女孩在潜移默化中也就吸收了父母的这一"精神精华"。

2. 放手让女孩自己去经历挫折，而不是包办一切

人的一生从来不会一帆风顺，漫漫人生路，苦乐相掺，悲喜相伴，往往挫折坎坷比平坦之路更多。挫折会伴随每个女孩的一生，成为她们人生的一部分。不让女孩从小自己面对挫折，她们长大后可能就难以适应复杂多变的社会。

3. 鼓励女孩勇敢面对

女孩在任何时候，都需要父母的支持，挫折发生时，要鼓励女孩冷静分析，沉着应对，找到解决挫折的有效办法。平常可以和孩子一起探索战胜挫折、克服消极心理的有效方法，帮助孩子进行自我排解，自我疏导，从而将消极情绪转化为积极情绪，增添战胜挫折的勇气。在父母的鼓励下战胜挫折的女孩，定能学会抵抗挫折，她们会成长为一个在人生路上不断前行的勇者。

　　总之，作为父母，要让女孩明白，挫折是人生的一部分，如果父母希望孩子未来的人生少一些悲哀气氛，多一些壮丽色彩，就要让孩子早点懂得，挫折是人生的常态。这样，当挫折到来时，孩子才会从容面对，而不是慌忙逃避。让孩子明白挫折是生活的一部分，学会正确地看待挫折，孩子才能更快地成长、成熟，将来才会更好地把握自己的人生！

■ 温柔而坚定地矫正女孩的错误

家长的烦恼

老刘的女儿第二天要出去郊游。头天晚上,老刘就对只顾看电视的女儿说:"女儿啊,先别看电视了,准备准备明天去郊游的东西吧,否则明天早晨又要手忙脚乱了。"女儿一边嗑瓜子一边说:"爸爸你可真啰唆,我这么大了,会照顾好自己的,东西都准备好了。"老刘就没再说什么,可是发现女儿换洗的袜子没带,帽子也没装进包里。老刘的妻子正要帮女儿收拾,老刘却制止住了她。

女儿郊游回来后,老刘问:"玩得怎么样啊?"女儿说:"很好啊。就是没换洗的袜子穿,天气太热了,帽子也忘带了,我都晒黑了,下次可不能再这么丢三落四的了。"

心理分析

老刘是位很聪明的父亲。他阻止了妻子的行为,就是要让女儿为自己犯的错误付出一点儿代价。如果妻子帮她准备好了,女儿依旧是一副没记性的样子，并且她还会产生依赖心理：我没准备好没关系，还有我老妈帮我弄呢。所以，要想让女孩对自己的错误记忆深刻，不犯类似的错误，不妨让女孩吃点苦头。

对于青春期女孩的父母来说，我们也要允许女孩犯错，让孩子在不断犯错的过程中积极主动地去探索、去学习。的确，青春期是躁动的年纪，曾经很听话的女孩也有可能做一些错事，我们要带着宽容的心对待女孩。另外，犯错误可能是女孩不专心、没耐心、能力不够引起的，父母应该温柔地对待，应该耐心地支持和引导她改正错误，绝不要横加指责，否则很容易导致你的女儿产生自卑感，或者导致她抗压能力差。

事实上，人类的学习过程自古至今都遵循这样一条规律：尝试、错误、纠正、学习。在这个不断循环的过程中，人类得以成长。教育青春期的女孩，也需要我们父母遵循这个规律，温柔地对待女孩所犯的错误，让女孩自己认识到错误，让她在错误中收获正确的做事方法。作为父母，如果把错误这个源头彻底消灭，那么你的女孩也不会有成长，更会打击女孩的自信心。

专家建议

1.多沟通，做女孩的知心朋友

每个青春期的女孩都希望自己有一个可以交心的好朋友，能够在自己迷茫的时候给自己指点；在自己不高兴的时候静静地坐在自己的身边聆听；在自己犯错的时候为自己指出问题的焦点。但很多情况下，女孩的这位知己并不是父母，因为他们放不下作为家长的威严，很多女孩知道这一点，所以如果她们有了心事，宁愿找自己的朋友去倾诉，也不愿意告诉父母。不是女孩不愿意把父母当作知己，而是父母首先没有做女孩知己的意识。

所以，父母不妨放下架子，平等对待女孩。英国教育家斯宾塞说："沟通不是在任何人之间都能实现的。父母只有放下架子，做孩子的知心朋友，才能实现最成功的沟通。"

2.温柔地对待女孩，也要让她为自己的错误付出一点儿代价

女孩犯错总是在所难免，每当孩子闯下大大小小的祸，作为警醒或教训，家长都会对女孩子采取一定的惩罚。但惩罚仅仅是打和骂那么简单吗？怎样的教训才会起到理想效果？惩罚有些什么方式？惩罚的度在哪里？惩罚过后，面对孩子的情绪，家长又该如何做好善后工作？

每个人犯错都是要付出代价的，如果没有因为相应的错误受到惩罚，那么错误可能还会延续下去。生活中，很多父母看到女孩犯了错误以后，马上帮她纠正。这样，可能女孩意识到了自己的错误，但印象并不深刻，导致错误一再地出现。

可能很多父母相信棍棒比说教更能让孩子牢记错误，但这种方式总是伴随着家长的情绪爆发，容易使女孩产生逆反心理或委屈情绪，甚至导致自信心的丧失，对于女孩的成长极为不利。其实，"牢记错误"不是重点，"改正错误"才是目的。家长不妨温柔地对待女孩的错误，用正确的方法引导，不仅会让女孩意识到自己的错误，还增强了女孩改正错误的信心和勇气。

8

破解学习难题,引导青春期女孩学得更好

  作为青春期女孩的父母,他们唯一的期望大概就是望女成凤。学习成绩的好坏从一定角度上来说是衡量女儿学习状况好坏的重要指标。毋庸置疑,青春期女孩的主要任务是学习。升学后,所学科目比小学显著增加,学习任务急剧加重,但同时,她们也有强烈的求知欲和广泛的学习兴趣,因此,这段时间的女孩最需要父母给予学习上的辅导。因此,你不仅要做好父母,还要做好孩子的家庭教师。针对青春期女孩的学习困扰,父母一定要引起重视,但更要注意方式,从心理学的角度着手培养女孩的兴趣、激发她的求知欲、传授正确的学习方法,从而让其提高学习效率,提升学习成绩!

■ 告诉女孩尽可能适应老师

家长的烦恼

蒋先生的女儿姗姗是个大大咧咧的女孩子。这天，蒋先生被老师叫到了学校，原来女儿在学校"犯事儿"了。事情是这样的：

数学测验时，下课铃响了，姗姗还在埋头答题，数学老师催了几次，她都跟没听见一样，仍在做题。老师发火了，走过去夺卷子，姗姗用手一按，卷子撕破了，数学老师怒气冲冲地拿着卷子走了。

蒋先生理解孩子的情绪，于是，回家后他并没有责骂姗姗，而是耐心地跟她谈心，女儿终于道出了心里的委屈："我恨死数学老师了，今后，我上课不听她的课了，在路上遇到她，我也不和她讲话！"

心理分析

其实，有很多和姗姗一样的青春期女孩，不喜欢某一位老师，于是不愿意上那位老师的课，作业不爱做，勉强应付，结果师生关系日益恶化，学习成绩严重滑坡。

不得不说，青春期女孩学习的兴趣和动力很大一部分来自老师。而导致孩子不喜欢某个老师的原因有很多：

①没有得到老师的"重视"。老师没有给她一定的工作任务，如当干部，或者课堂上很少提问她，没有将目光投在她身上，也不找她谈心等。

②对某学科提不起兴趣。兴趣是最好的老师，这是有一定的根据的。女孩如果对某一学科根本不感兴趣，就对该科的老师印象不好，学习成绩就不好。

③被老师批评过多。对于那些影响其他同学学习或者不遵守纪律的学生，老师一般都会出面制止并进行批评，一旦某个女孩被老师批评的次数多了，她在老师面前就缺少成功、愉悦的心理体验，造成师生间感情上的隔阂。

④与老师有某些过节或者误会。老师教育、批评学生时，难免出现错误，有的女孩被冤枉了，耿耿于怀，产生委屈甚至怨恨情绪，与老师感情疏远。

作为父母，我们必须要告诉女孩的是，青春期就要认真学习，即使不喜欢某个老师，也要认真上课，学习是自己的事，老师不可能适应每个学生去上课，把握好学习的心态，才会有学习的劲头。另外，也可以劝导女儿主动和老师交谈，打开自己的心结，这也是增进师生关系的好办法。

专家建议

1.引导孩子认识不同学科的价值和意义

女孩会因为不喜欢某个老师而不愿意学习某门学科，很多时候可能是因为她对这门学科的重要性认识不足，再加上有些课的内容本身枯燥。但是如果孩子能承认它"有用"，那么她们也会排除负面情绪努力学习的。

你可以告诉女孩：学会去做好不喜欢做的事情，也是走上社会之后必修的一课，不要任性地逃避。例如，你不喜欢英语，但英语是一门工具课，无论你将来从事何种职业，都是要用到的。如果你等到需要用的时候再去学，就失去了最佳的发展时机。

2.告诉女孩可以先假装喜欢某门学科

人的态度对学习是很重要的，有时态度决定一切。心理学的研究表明，当一个人对某一事物不感兴趣时，可以假装喜欢，告诉自己，其实我挺愿意去做这件事的。这样一段时间以后，你就会在不知不觉中改变自己的态度，变得对这件事情感兴趣了。

父母也可以告诉女孩尝试用这个方法喜欢上某个学科：其实很多东西，在你不会、没有获得成就感的时候，往往是"没意思"的；如果你假装喜欢、迫使自己去学习，并获得进步，这时可能就能发现兴趣。

如果你的女儿某门学科的基础比较差，如学习成绩不太理想，告诉她不要过分焦虑，不妨调整目标，采取逐步提高的办法。同时，也可以了解一下别人的学习经验，加以借鉴。要相信，一分耕耘，一分收获。当女孩的成绩有所提升时，她的信心会因此得到增强，学习兴趣也就相应地得到了提高。

总之，如果你的女儿因为不喜欢某个老师而偏科，那么，你不妨先培养孩子在这门学科上的兴趣，只有这样，女孩才能认识到学习的重要性，也才能真正端正态度努力学习。

■ 帮助女孩找到最适合自己的学习方法

> **家长的烦恼**
>
> 周涵涵是彤彤班上的学习委员，从小学开始，学校光荣榜上一直都有她的名字，进了初中以后，她成绩还是那么好，在她的同学眼里，周涵涵就是个"屹立不倒的神话"，很多同学都向周涵涵取经，问她有什么绝密的学习方法。
>
> 周涵涵说："我觉得我的学习方法对我很有用，但对你们，我就不知道管不管用了。我不怎么喜欢每天挑灯夜战，我一般做完作业后就睡觉了，然后我每天早上会醒得很早。一般你们是六点多起床，我五点就醒了，而这段时间，我会拿来记单词，不知道为什么，我这时候背的单词都不会忘记。另外，对于理科，我会记好课堂上老师讲的每一个知识点，然后在课下花点时间复习一下，就能巩固了。其实，学习并不是什么难事，每个人都应该有属于自己的一套学习方法，并不是千篇一律的。"
>
> "可是，我们都不知道什么是属于自己的学习方法啊！"
>
> "我们可以求助于父母啊，他们是了解我们的，而且，他们是过来人，我们学习上的一些不足，他们是能看出来的。"
>
> "是啊，我回去得和爸妈好好谈谈。"

心理分析

女孩一般在初中后进入青春期，课堂教学内容会与小学阶段明显不同，面临的任务和学科学习的内容差异很大。总体来看，小学的课堂教学活泼，容量小，作业量小，注重基础知识的学习和巩固，拓展性小。中学课堂教学容量大，科目增多，而且都是有独立学科体系的内容。这些变化都要求青春期女孩调整自己的学习方法。而调查显示，90%的青春期孩子没有自己的学习方法，女孩也是如此。有的父母仍然采用传统的填鸭式教育，导致很多女孩虽然很努力，可是成绩却依然提高不上去，最后导致女孩厌学，贪玩，而家长就开始为女孩不爱学习、厌学而苦恼。也有一些家长会有疑惑：为什么有的女孩能轻松地学好，而有的人很努力却学不好？这还是因为学习方法上的差异，女孩有一套属于自己的学习方法，自然能学得好。

每一个女孩都很聪明，只是学习方法和学习习惯不同而已。每个女孩要有属于自己的学习方法和习惯，有的学习很轻松，学习习惯也好，这无外乎课堂认真听讲，基础知识掌握得好，灵活运用能力强；而有的孩子学习死板，学得很累，课后用10倍时间学习，效果也不好，这样就要改进学习方法。

那么，作为父母，怎样帮助女孩找到属于她自己的个性学习方法呢？

专家建议

1.认识到女孩的特殊性，尊重女孩的学习兴趣

学习方法的制订一定要建立在学习兴趣上。生活中，当女孩没有达到家长预期的目标时，家长就觉得女孩出了太多的问题，父母愤怒了，或是责骂，或

是语重心长地"控诉"孩子。女孩沉默了，女孩愧疚了，女孩自卑了……很多时候女孩就是在这样看不见的教育暴力中失去了成长的快乐和发展的潜能。而即使父母为孩子打造出的学习方法再完美，也不一定适合你的女儿，因为她对此方法根本不感兴趣。

家长要重视女孩的个体差异，充分考虑女孩的优势智能，注重她兴趣和个性的培养，帮助女孩找到属于自己的"钥匙"。

2.根据女孩的生活习惯和时间来安排，让女孩高效地学习

每个人的机体都存在差异，这是毋庸置疑的，她们在生活习惯上有所不同，例如，有些女孩喜欢在晚饭前学习，而有些女孩在睡前的某段时间才能发挥记忆的最好效果。对此，父母都要留意，只有这样才能帮助女孩以最快的速度进入学习状态，提高学习效率。

3.掌握小窍门，让女孩尽快进入学习状态

如何让孩子尽快进入学习状态，是广大家长最为关心的问题。拥有多年教育研究经验的教学专家指出：家长个性化的监督和引导是孩子安心学习的关键。在此，他给出家长们帮助孩子收心的几个小窍门：一方面，家长不要给孩子过多压力，要鼓励孩子适当地多看书，或者适当陪孩子做一些体育锻炼，让孩子心态平和下来。另一方面，家长可以帮助孩子制订一个切合实际的学习计划，定期了解孩子的学习表现，多给孩子鼓励和建议，使孩子保持积极的心态。

4.训练女孩解决问题的能力

拥有解决问题的能力才是制胜的法宝。父母在帮助女孩找适合的学习方法的时候，这一点乃重中之重。要训练女孩这一能力，就要着重培养女孩自主学习和正确的思维方式，长此以往，女孩的成绩及综合素质才能够稳步持续

地提升。

总之，帮助女孩寻找学习方法，需要依据女孩个人的习惯、兴趣、时间安排、生理状态等。所以，要想成为女孩的家庭教师，你就要全面了解你的女儿，然后做出具体的计划安排。学习方法只有适合女孩自己的才是最好的。有针对性地制订出一套独特的、行之有效的教学方案和心理辅导策略，不仅能使女孩掌握一种切合自身的学习方法，提高学习成绩，还能使女孩的心理和心态更健康！

■ 如何改善青春期女孩的厌学现象

家长的烦恼

钱先生的女儿小冰的成绩一直很好，但永远是第二名，因为第一名总是被一个叫"韩博士"的女孩拿走，三年下来，这种状况几乎没有变过，但这几个月，小冰居然稳拿了几次第一。

为了奖励小冰，钱先生决定开一次"学习心得交流会"，没想到小冰却说："那个'韩博士'退学了。"

"为什么？"

"'韩博士'从小父母就出国了，把她丢给了爷爷奶奶，爷爷奶奶对她关怀备至，让她衣食无忧，还生怕她在小伙伴中吃亏，所以她与同龄人的接触机会被剥夺了。同学们都说她太自私，不愿与她来往。她自己也将自己封闭在小圈子里。上初三后，看到班上的同学三五成群在一起聊天以及讨论问题，她感觉到更加孤独，她逐渐觉得自己读书不快乐，于是试着和我们亲近，但我们却很难与她亲近，她感觉自己怎么也融入不进去。渐渐地，她为上学发愁，看书更添烦恼，上课不认真听讲，沉默寡言，心事重重，几乎不再努力，学习成绩慢慢由全年级第一变成倒数。前不久，她爸妈回来了，给

> 她办了退学，估计是去另外的学校了。"说完以后，小冰长叹了一口气。

心理分析

"韩博士"之所以学习成绩下降，是由于失去了学习的动力，找不到学习的乐趣和动机。青春期是女孩长身体、长知识、长智慧的时期，也是其道德品质与世界观逐步形成的时期。她们面临着生理与心理上的急剧变化，加之每天周而复始的学习生活，很容易产生心理上的"变异"。这种"变异"一般表现在三个方面：

第一，上课不认真，注意力不集中，思维涣散，或者打瞌睡，或者做小动作，严重的还会干扰其他同学听课。

第二，课下不愿意自主学习或者根本就不学习，对于老师布置的作业或者练习，也是草草了事或者根本就不予理睬。对考试、测验无所谓，只勾几道选择题应付了事，既不管耕耘，更不管收获。

第三，逃学，这是厌学的最突出表现，也是最严重的表现。这些学生总是找理由旷课，然后外出闲逛、玩游戏等。严重者，甚至跌进少年犯罪的泥坑。

毕竟，每个人做任何事都是有目的的，如果女孩没有学习目的，也就没有学习的动力了。一般来说，青春期的女孩除了学习外，还有自己的兴趣和爱好，作为家长，如果能正视女孩的这些兴趣并加以鼓励，并利用这种兴趣引导女孩明确学习目的，那么，女孩可能就会热衷于学习了。

专家建议

具体来说，我们可以这样引导：

1. 挖掘女孩的兴趣

可能很多家长认为，女儿好像除了学习以外，对什么都感兴趣，其实，这是一个普遍现象。曾经有一项调查：结果显示，50个孩子中只有4个没有对学习产生过厌烦情绪，但这些孩子除学习之外的爱好都很广泛。另外，还有一项调查：如果可以不按学校的课程表上课，请孩子们自己给自己列一个课程表，结果显示为3种倾向：

①第一节课是音乐，第二节是电影，第三节是异国风情，第四节是英语。

②希望全天是物理、化学。

③希望第一节课是自学，第二节课是体育，第三节课是英语，第四节课是班会。

从这一调查中可以发现，孩子们对于学习文化知识，似乎都存在一定程度的厌烦情绪。为此，青春期女孩的父母要在日常生活中多观察，发现女儿感兴趣的事物，从而引导其确定学习目的。在培养女孩的兴趣中，要给女孩一个机会，让她自己去品味，真正找到一种成就感，她可能就有兴致了。

2. 把女孩的兴趣和学习联系起来，让女孩产生明确的学习目的

例如，家长可以这样问："你为什么对电脑游戏这么感兴趣呢？"

"因为我想当个游戏的开发人员啊。"

"真没想到你有这样大的抱负，但游戏开发不是一个很简单的行业，一般人是进入不了这个行业的。"

"那爸爸，您觉得怎样才能进入这个行业呢？"

"只有进入高等学府去深造，掌握大量的科学知识，才能在前人技术的基础上有所创造。"

当女孩听完这些后，就会有一种想法：我必须考上大学，然后在这个领域深造，才能进入这一行业。这样，女孩就会真正明白：她应该去好好学习了。

而在这一过程中，整个交谈氛围是很和谐的，也使亲子之间的感情在一点点升温，女孩对父母既感激又崇拜。

3.培养女孩坚持不懈、独立进取的个性

女孩的学习目的与独立进取的个性是密不可分的，个性是独立进取还是被动退缩与学习动机关系密切。如果你的女儿生性懦弱且不思进取，缺乏上进心且抱负水平低，只能使学习处于被动状态，甚至恶性循环，那么，也就很难树立一个水平相当的学习目的。如果女孩懂得学习的重要性，懂得积极进取，那么，家长在帮助其建立学习目的的同时，也会省心很多。

同时，当父母肯定了女孩的兴趣，引导女孩建立了明确的学习目的后，要经常给女孩敲个警钟："你要想成为游戏开发员的话，就不能这么浪费时间不学习哦！"在父母的督促下，女孩会逐渐养成坚持不懈的个性，在学习时也会更有动力。

■ 课上做好笔记，才能提升听课效率

家长的烦恼

孙玲和学习委员周涵涵是同桌，巧的是，她们还是邻居，因此，对于孙玲来说，可以说是"近水楼台先得月"。小学的时候，孙玲的学习成绩原本不怎么样，但初中以后，和周涵涵成了同桌的她也卯足了劲儿学习。其实，学习过程中，她并没有怎么请教周涵涵，但她对周涵涵的听课笔记"研究"得比较透彻，基本上每天晚上回家之后，她都会去周涵涵家借笔记，这已经成了她的一种生活习惯。

"妈，今天该轮到你帮我跟周涵涵借笔记了吧！"孙玲对在厨房炒菜的妈妈说。

"学习的事儿你怎么老来麻烦我啊？"妈妈开玩笑说。

"我这不是不好意思了嘛，天天跟涵涵借笔记，她会不会烦我了呢？"

"这我可不知道，我看你呀，还是自己上课要好好听，做好自己的笔记，不懂的再去问老师，这样就不用跟涵涵借笔记了呀。"

"是啊，我也觉得自己的学习方法不对，为什么我花的时间比涵涵多，每天回来研究她的笔记，还考得没她好呢，就是因为

我没有利用好课堂时间吧……"

"是啊，课堂时间才是最有效的学习时间啊。"

心理分析

无论是家长、孩子还是老师都知道，课堂教学是教学过程中最基本的环节。学生只有抓住课堂时间有效地学习，才是提高学习效率的关键。

生活中，很多青春期女孩的家长都产生过这样的疑惑：为什么女儿每天学习到深夜，甚至挑灯夜战，可是学习成绩就是不见提高呢？其实，这是因为她没有利用好最重要的课堂时间。然而，上好课的关键不仅在于要认真听，还要做好笔记。只有做好这两方面的工作，听课才会有效率。

因此，作为父母，一定要把听课和做好笔记作为培养女孩良好学习习惯的重要方面。

专家建议

1.让女孩做好听课前的准备

听课前的准备包括：

心理准备，使情绪饱满，保持心境轻松和平静。

生理准备，让精力充沛，保持大脑清醒和兴奋。

知识准备，做好预习，熟悉与新课有关的知识。

物品准备，将课堂所需物品准备齐全。

2.教会女孩做课堂的主人，而非被动地接受课堂知识

最有效的听课方式是积极的、主动的，女孩只有在课堂上发挥主动精神，才会大胆提问，大胆发表看法，积极参加讨论。因此，正确听课的方法是：

①让女孩带着问题上课。如果女孩带着一些未解决的问题进入课堂，就保持着较强烈的求知欲。此时，女孩才会集中精力听教师讲重点、难点和要点。

②紧跟老师思路。学生听讲须注意教师讲课中的逻辑性。如果听课时遇到某一问题没听懂，可以迅速记下来，此时不必死钻牛角尖，要顺着教师的讲解去听，那个问题可以课后思考或提问。

3.让女孩学会做笔记

人们都说"好记性比不上烂笔头"，足见笔记的重要性。青春期女孩应养成勤记善记的好习惯。笔记可记：老师反复强调的；相似知识的对比；课文内容与现实相联系的时政知识点；分散知识的归纳综合等。

同时，记笔记还要记得精练。所谓"记得精练"指的是笔记的内容要有选择、有所取舍。老师讲课内容多，有的知识已经学过，有的是书本提示、注释中明白写着的，这些就不必记了。不熟悉的、重要的一定要记下来，不好理解的、有疑问的，可以在书上做个记号，便于课后思考或者问老师。

俗话说，"温故而知新"。记笔记是为了帮助记忆，便于复习。课后经常看看笔记，对熟练掌握已经学过的知识一定会有帮助的。期末考试的时候，把笔记和课文对照起来复习，互相补充，也是一个好办法。如果有新的体会，还可以把它们补充到笔记里去，知识积多成学问，听课爱思考，笔记记得好，学习效率一定高。

4.让女孩处理好记笔记和听课的关系

有些女孩，上课时一门心思记笔记，几乎一字不漏地把老师讲的话和黑板上的板书全部都记下来了，应该说她们学习非常认真刻苦，但是学习的效果却不尽人意。那是为什么呢？因为她们犯了一个最大的错误，那就是没有处理好听课和记笔记的关系。那么，父母应该怎样让女孩子处理好记笔记和听课间的关系呢？

事实上，老师在讲课时，一方面是讲授知识，另一方面则是传授方法，如果把精力都放在记笔记上，则无法认真地听老师讲解了，毕竟，一心不能二用。

所以，认真记笔记，不在于把所有的东西全部记下来，而是要先认真听懂老师讲课的内容，把重点记下来就可以了，同时，有自己课上不明白的地方，也要记下来，以便下课后自己在书上或课外参考书上找答案，或者向老师询问。

5.教会女孩身心放松地听课

学习是一项消耗体力和精神的活动，女孩如果不懂得放松学习，那么，上课的过程对于她来说肯定是痛苦的，同时，一节课从头到尾都绷紧了弦是不可能的，所以调节课上不同阶段的紧张程度便很重要。而一堂课的开头结尾通常不可忽略，需要认真听讲。

中学时代，听课是获得知识的基本途径。听好课是学习的基础，是取得好成绩的根本，如果你的女儿能认真听讲，做好笔记，她就能提高学习效率。当然，听课的方法很多，因人而异，只要有利于提高听课效率的方法，就是最佳方法。

■ 引导女孩养成预习和复习的习惯

家长的烦恼

菲菲是一名学霸，她学习成绩好的一个制胜法宝就是，预习和复习工作做得很到位。正因为如此，她在上课的时候，似乎老师要讲什么，她都知道，而同时，她也很注重复习，每天放学回家后，她都会花一点时间，将课堂知识重新巩固一遍，对于那些没有弄懂的知识，她会寻求爸妈的帮助。他们不仅是她的父母，还是她最好的老师。

课下的时候，同学们经常会谈论到自己的父母。

"我爸和我妈似乎一天都很忙，我放学回家，他们只会叮嘱我要好好学习，而从来不会多花点心思在我的学习上，更别说辅导我预习、复习功课了。"一个同学这样谈到自己的父母。

"我爸妈倒不是，他们对我是盯得太紧了，我一回家，他们就会问我当天学了什么，从小学到初中这些年都是这样，这倒是一个很好的回顾、复习课堂内容的好办法，但回答完以后，我哪里还有时间去预习新课程？所以我经常会觉得老师上课的内容很陌生……"

这时候，班主任老师也走过来加入学生们的谈话："我认为各个层次的学生都需要预习。成绩好的，预习可以跳出课堂、跳出学

> 科，拓展视野。而对学困生来说，预习更重要，否则讲课时往往会被老师牵着鼻子走，没有一点自己的主动性，听课很累。而预习之后，假如这堂课上的三个知识点，他能提前弄明白一个甚至两个，那么就能较快进入课堂，听讲中也有侧重点和针对性。"
>
> "是啊，预习和复习在学习过程中都很重要，一样都不能落下啊……"

心理分析

女孩到了青春期后，很多家长认为，女儿终于大了，终于可以不用像小学时候那样劳心劳力了，于是，很多家长把女儿全权交给学校管理；也有一些家长则完全相反，他们认为中学是女儿的关键时期，于是，紧盯着女儿的学习，但却因为方式方法不正确，他们也是束手无策。

其实，要想让女孩高效地学习，学习方法的正确与否至关重要，其中，必不可少的一个环节就是预习和复习。科学的学习，需要遵循课前预习、上课认真听讲、课后复习的"三步走"，这是最朴素也最经典的学习过程。只有提前预习了，上课才能带着问题去听讲，有的放矢，更高效地去吸收知识，而不会被老师牵着鼻子走；课后一定要及时巩固复习，复习得越及时，知识就掌握得越快越牢固。那么，家长该怎样帮助女孩做好预习和复习，成为孩子的家庭教师呢？

专家建议

1.预习方面

预习很重要，但前提是必须要有科学的预习方式，如果预习不得当，有时反而会适得其反。例如，孩子其实只抓住了点皮毛、知道了点结论，却错误地认为自己都懂了，上课就不注意听讲，这样就把知识的来龙去脉等重点错过了，显然是捡了芝麻丢了西瓜。父母监督女孩预习，可以运用以下两个方法：

方法一：教导女孩根据老师的上课方式预习

家长可以告诉女孩，在制订自己的预习方式时，最好先想想老师的上课方式是怎么样的，或索性直接去问一下老师怎么样预习。因为预习的目的是为了在课堂上能听得更好，而课堂计划是由老师来制订的，所以女孩的预习也要与课堂配套起来。

方法二：让女孩与习题配套预习，以便帮助查缺补漏

这就意味着，女孩在认真投入学习之前，先把要学习的内容快速浏览一遍，了解学习的大致内容及结构，以便能及时理解和消化学习内容。当然，这要注意轻重详略，在不太重要的地方可以少花点时间，在重要的地方，可以稍微放慢学习进程。另外，父母在女孩预习前，可以为女孩购买一本与课本配套的练习册，买练习册时特别注意，别买参考答案只有一个数字的那种，而要选择有详细解答过程的，这样有助于女孩理顺思路，做错了也能弄明白为什么错，对于不懂的地方就要做出标记。

2.复习方面

与预习相对应的，就是复习的话题。很多女孩一听到复习，就会认为是期末大考前的复习，其实片面了，还有一项复习工作，那就是平时的日常复习。只有做好这两方面的工作，女孩才会取得一个很好的成绩。父母可以指导女孩掌握以下复习要点：

要点一：多种形式复习

复习是对信息的重新编码，可采用看、听、记、背、说、写、做等多种形式复习整理知识，不必一味机械重复。科学家指出，复习的效果在于编码的适宜性，而不在次数。

要点二：当天进行复习

要求女孩听讲之后尽早进行复习，可减少遗忘。同时可使新旧知识联系起来，搞清楚知识前后的联系和规律。

要点三：单元系统复习

这一般在测验和考试之前进行，这种复习重点领会各知识要点之间的联系，要抓重点和难点，并使知识系统化、结构化。对错题进行再次练习被证明是提高成绩的法宝。

要点四：假期不忘复习

每年的寒暑假学生闲暇时间较多，家长可以提醒和督促女孩，除完成作业外，应适当复习，防止遗忘。在节假日，女孩还可以适当阅读课外书，加深和拓宽对知识的理解、巩固和运用。

知识的积累就像建造房子，从砖到墙、从墙到梁，是一个循序渐进的过程。家长在督促女孩学习的同时，也一定要让女孩养成预习和复习的好习惯，预习和复习的时间并不需要很长，但效果会很好，磨刀不误砍柴工，就是这个道理！

9

择友与交友，引导青春期女孩建立良好的人际关系

　　对青春期女孩而言，主要的人际关系有三种类型：同伴关系、师生关系、亲子关系。当女孩在学习、生活上遇到挫折而感到愤闷抑郁时，向知心挚友一番倾诉，就可以得到心理疏导，身心也就更健康，学习更有劲。而那些孤僻、不合群的女孩，往往有更多的烦恼和忧愁，甚至影响正常的学习和生活。作为父母，我们要明白的是，帮助女孩提高交际能力是家庭教育的重要内容。要做到这一点，需要我们从女孩的心理角度出发，了解青春期女孩渴望交朋友的心理，进而帮助女孩真正学会如何交友，如何交益友！

■ 让女孩懂得为他人着想

家长的烦恼

一位四年级的语文老师在给学生批改作文的时候，读到这样一篇文章："敬爱的王老师，希望您不要让我妈妈和我一起上学了，说句心里话，妈妈为此付出了太多太多的心思。妈妈天天有洗不完的衣服，中午哥哥回来前妈妈要把饭做好，哥哥回来吃完饭就要走，到了下午妈妈也要早点做饭，爸爸要早上7点上班，到晚上11点才回来，妈妈还要去接爸爸，回来给爸爸做饭……我保证，我再也不调皮了……"

当这位语文老师读到这里的时候，流下了心酸的泪水，孩子终于能理解家长的苦心了。事情的经过是这样的：这位同学叫王莉，是学校四年级一班的学生，虽说是女孩，但很调皮，成绩在班上也是倒数。班主任认为这是王莉父母疏于管理孩子，为此，他将王莉妈妈请到了学校，让她陪读管孩子。为了能让孩子继续留校读书，从当日下午起，这位妈妈便开始了自己的陪读生涯，每天家里和学校来回跑，妈妈为此痛苦不堪，王莉看在眼里疼在心上。为此，她就写了这样一篇作文，乞求老师不要再让妈妈为自己陪

> 读了……
>
> 　　从此，这名叫王莉的女孩好像换了一个人，她开始认真学习，开始想对妈妈好，开始感激老师……

心理分析

看完这个故事，相信不少父母都会感叹，如果我的女儿也懂得感恩，懂得理解别人就好了。

现实生活中，不少女孩与周围的一些人发生矛盾，都是不懂得换位思考导致的。每个女孩在成长的过程中，独立意识都在不断增强，我们若希望女孩成为一个贴心、善解人意的人，就要在这个阶段对她们进行引导。

专家建议

1.让女孩学会分享

在许多人眼里，帮助他人意味着付出，意味着对自我的克制，其实更多的人还是在助人的过程中发现了快乐，帮孩子体会与人分享带来的快乐，孩子会更愿意与人分享并帮助他人。应尽量避免给孩子树立负面的榜样。

2.让女孩学会换位思考

女孩之所以会以自我中心，因为她不知道自己的行为会给别人带来什么样的负面影响，可以引导女孩站在他人的角度思考问题，学会换位思考。

3.给女孩提供练习关心他人、为他人着想的机会

如爷爷回家，爸爸帮爷爷倒杯茶，就让女孩为爷爷拿拖鞋；奶奶生病了，妈妈为奶奶拿药，就让女孩为奶奶揉揉疼的地方，或者为奶奶晾凉水；自己头痛时就让她帮忙按摩按摩太阳穴，日子长了，女孩会学会许多她应该做的事情。再如上街买菜时，就让女孩帮忙拿一些她能拿动的东西，有好东西吃就让她送给家人吃，或者分享给邻居家的孩子吃，日后每碰到类似情况，女孩就会如法炮制，慢慢就会养成关心他人的习惯。

4.对女孩关心他人的行为给予表扬和鼓励

如女孩帮妈妈擦桌子、扫地了，妈妈就要表扬孩子，"呀！我闺女长大了，知道疼妈妈了，今天能帮妈妈干活了。"

总之，在平时，家长应有意识地去引导、教育女孩，爱孩子应爱得理智，我们要多鼓励女孩为他人着想。青春期是女孩性格形成和发展的重要时期，在女孩幼小心灵里埋下爱的种子，女孩就会主动地关心别人，并能主动给予。这对于女孩的人格发展很有必要，绝不能忽视！

■ 正确引导，培养女孩的社交能力

家长的烦恼

周六的早上，林太太在做家务，她的女儿走过来跟她聊天，向她说了一件在学校发生的事：

"这周三的最后一节课，语文老师给大家布置了一篇以'我最烦恼的事'为话题的作文。周五的作文课上，老师点评了一篇作文，是来自班上一个学习成绩较好的女生的，其中有这么一段：'我是一个女生，性格还是比较外向的，长相虽然算不上出众，但是自我感觉还可以。学习也不错，班里前十名，可是就是人缘不好，可能是我比较好强，看到别的女生周围有一堆男女生和她说话，我就有点不自在。女生还好点，尤其是男生，好像都很反感我，看到他们和别的女生闹我也想去玩，可是却不知道怎样加入他们。听我一个好朋友跟我说，她的同桌跟她说比较反感我，也没有说原因，还说不许我那个好朋友告诉我。虽然我是知道了，可是我很无奈，也许是因为我不说话的缘故吧，因为我真的不知道该怎样和男生们交谈，怎样才能让别的同学喜欢和自己说话、有共同语言？我到底该怎么办？'

"老师念完以后，班上已经哗然一片了，因为虽然老师没说出这个女孩的名字，但同学们已经猜到了，老师补充道：'我把这篇作文读出来，并不是说这篇作文写得好坏，也不是对这个女同学有任何的意见，只是为了引出一个重要的问题，希望所有同学，以后不管怎样，都要相亲相爱，毕竟我们是一个集体，我不希望有任何同学感到这个集体很冷漠。'

"这次作文课上完后，那个女孩好像得罪了很多人，和她说话的人更少了。"

在说完这个故事后，林太太的女儿又问了个很复杂的问题："妈，您说我们在学校怎么样才能受人欢迎呢？"事实上，林太太明白，自己的女儿已经做得很好了，周围的老师和同学都很喜欢她，但既然孩子问她，她就详细地教给孩子一些为人处世的道理。

心理分析

不受同学欢迎，人缘差，这的确是困扰很多青春期女孩的一个问题。每一个女孩都希望自己受大家的欢迎，能融入周围的同学，却因为女孩自身的一些原因，她们的人际关系并不是很好。针对这个问题，父母要做女孩的心理指导师，帮助女孩有针对性地改变自己，可以与孩子先聊聊，看看她在哪方面做得不够，也可以通过其他方式了解女孩不受欢迎的原因。

专家建议

我们在引导青春期女孩的过程中,需要着重培养她们拥有以下几种交往品质:

1.自信

自信是人际交往中的一个重要品质,因为只有自信,才会将自己成功地推销给别人认识,无数事实证明,这类人更容易赢得他人的欢迎。自信的人总是不卑不亢、落落大方、谈吐从容,而决非孤芳自赏、盲目清高,而且对自己的不足有所认识,并善于听从别人的劝告与帮助,勇于改正自己的错误。培养自信要善于"解剖自己",发扬优点,改正缺点,在社会实践中磨炼、摔打自己,使自己尽快成熟起来。

2.真诚

"浇树浇根,交友交心。"想要交到真正的知心朋友,就要学会真诚待人,真诚的心能使交往双方心心相印,彼此肝胆相照,真诚的人能使其与交往者的友谊地久天长。

3.信任

在人际交往中,信任就是要相信他人的真诚,从积极的角度去理解他人的动机和言行,而不是胡乱猜疑,在心里设防护墙,因为信任是相互的,尝试信任别人,你也会获得信任。美国哲学家和诗人爱默生说过:"你信任人,人才对你重视。以伟大的风度待人,人才表现出伟大的风度。"

4.自制

与人相处,经常可能会因意见不同、误会等原因发生摩擦冲突,而面对摩擦,要学会克制自己的情绪,才能有效地避免争论,达到"化干戈为玉帛"

的效果。青春期的女孩要想克制自己，就要学会以大局为重，即使是在自己的自尊与利益受到损害时也是如此。但克制并不是无条件的，应有理、有利、有节，如果是为一时苟安，忍气吞声地任凭他人的无端攻击、指责，则是怯懦的表现，而不是正确的交往态度。

5.热情

在人际交往中，热情的人总是不缺朋友，因为别人能始终感受到她给的温暖。热情能促进人的相互理解，能融化冷漠的心灵。因此，待人热情是沟通人的情感，促进人际交往的重要心理品质。

人际交往是一门学问，青春期是培养交往能力的重要时期。拥有良好的交往品质是交往的前提，作为父母，我们应该鼓励女孩把心打开，让自己融入集体，让自己人生的重要时期多姿多彩！

■ 教会女孩学会礼貌地拒绝别人

家长的烦恼

洋洋是个腼腆内向的孩子，她从不和小朋友争东西，哪怕是她自己的东西，只要别人要玩，她就会默默放弃。

洋洋今年十三岁了。这天，洋洋拿着自己的滑板车出去玩了。其他孩子都对洋洋的滑板车很感兴趣。洋洋就让别人玩，自己则站在旁边干巴巴地等，看着别人一个一个轮番上车，洋洋的脸上写满了无奈。

好不容易车子还回来了，可洋洋的手刚握住她的小车，脚还没有跨上去，又有一个孩子喊着要玩小车。

在旁边看着的洋洋妈妈气不打一处来，心想自己的孩子怎么这么窝囊，自己的东西自己都玩不上，如果被抢夺的次数多了，洋洋肯定会越来越惧怕别的孩子，这会让洋洋更内向。

想到这儿，妈妈直接走到洋洋旁边，替洋洋吆喝着把车子要了回来。那孩子的奶奶还嘀咕了一声："没见过你这么小气的妈。"其他孩子一看洋洋妈妈在身旁，都退到了一边。

妈妈大声对洋洋说："瞧你这个熊样，自己的东西，你想玩就玩，不想玩就不玩，怎么自己的东西反而被别的孩子抢来抢去，自己都玩不上！"

洋洋好像有一种无形的压力，她低着头，一声不吭。后来虽然洋洋玩着自己的小滑板车，可她并不开心。

心理分析

我们都知道，谦让是中华民族的美德，大多数父母也都明白一个道理，即女儿最终要走向社会，要在群体中生活。与人分享，才能得到别人的信任、支持和尊重，因此，父母希望自己的女儿学会与人分享，养成慷慨、大方、谦让的美德。但任何事情都要讲究一个度，若是轻易承诺了自己无法履行的诺言，将会带给自己更大的困扰和沟通上的困难，这就需要学会拒绝别人。

当然，教导青春期女孩学会拒绝别人也需要我们父母的引导，因为拒绝别人实在不是一件容易的事。有些女孩在拒绝对方时，因感到不好意思而不敢据实言明，致使对方摸不清自己的意思，产生许多不必要的误会，同时也容易给自己造成心理压力。大胆地拒绝别人，是相当重要却又不太容易的事情。教会女孩学会拒绝别人，将使女孩受益终生。当女孩没有勇气拒绝的时候，家长就可以尝试下面的几种方法。

专家建议

1.教女孩泰然接受他人说的"不"

在日常生活中，即便是在女孩小的时候，作为父母，你也应该在女孩头脑中强化一个概念：别人的东西不属于我。这样，也就明白了拒绝别人的必要。

2.让女孩坚持自己的决定

有些女孩不敢拒绝同伴的要求，是因为害怕别人不跟自己玩，害怕被孤立，于是，别人要什么东西就会拱手奉送，可是，事后又会后悔。这种情况就是平常说的"没志气"，常发生在年龄较小的孩子当中。

这就需要家长逐渐培养女孩的果敢品质，自己说过的话、做过的事，就应该勇敢承担起责任来，自己拒绝同伴后就应该承担起受冷落的后果，而不是过后就反悔。

3.教女孩正确认识"面子"

女孩不敢拒绝他人还可能是为了照顾面子。例如，虽然自己的钱都是父母给的，但当别人来借钱去玩游戏时，为了面子还是借给别人。有些女孩甚至发展到别人叫她去做一些不合纪律的事情也会违心去做，而事后却遭到老师的批评。可见，教女孩学会拒绝，就应该教女孩正确认识面子。

4.教给女孩委婉拒绝的技巧

拒绝别人的某些无法接受的要求或者行为时，父母要教给女孩应注意的方式、方法，不可态度生硬，话语尖酸。你要告诉女孩，先不要急着拒绝对方，可采用迂回委婉的方式说明自己的实际情况，既不违反自己主观意愿，还可以给对方一个可以接受的理由。以下是几种委婉的、女孩可以学习的方法：

（1）让女孩学会用商量的语气和别人说话

告诉孩子，拒绝别人有时要和对方反复"磨嘴皮子"，直到对方认可。如此，就巧妙地拒绝了对方，避免了一场冲突。

（2）让女孩学会间接拒绝别人

开门见山、直截了当式地拒绝，犹如当头一盆冷水，使人难堪，伤人面子。父母要教会女孩学会先承后转的方法，这是一种避免正面表述、采用间接地主动出击的技巧。即首先进行诱导，当对方进入角色时，然后话锋一转，制造出"意外"的效果，让对方自动放弃过分的要求。

（3）教女孩善用语气的转折

告诉女孩，当不好正面拒绝时，可以采取迂回的战术，转移话题也好，另有理由可以，主要是善于利用语气的转折：首先温和而坚持，其次绝不会答应。

（4）教女孩学会推迟别人的请求

如果女孩不想答应别人的请求，父母可以教女孩用一拖再拖的办法，推迟别人的请求，说"我想好了再跟你说""我再考虑考虑"等，这都是一种委婉拒绝别人的方法，别人也会从女孩的推迟中，明白她的意图，也不会使双方过于尴尬。

总之，父母所要做的，就是教会女孩如何平和地、友好地、委婉地、商量地拒绝别人的要求，同时泰然自若地接受他人的拒绝，而不是为女孩解决、包揽问题。

■ 教会女孩与老师保持融洽关系

> **家长的烦恼**

这天下班后，梁太太还在房间做饭，女儿回家放下书包就跟她说了在学校发生的一件事。事情是这样的：

女儿所在班级的物理老师是位有30多年教龄的老教师，已经当祖母了。她是20世纪60年代师范专科学校毕业的，教了一辈子物理课。最近，张老师发现不少男女学生之间热衷于交朋友，过生日时互赠礼物，生日卡上写了许多双关的、缠缠绵绵的话，有的传递小纸条竟不顾时间和场合，上课时间也进行。更有严重的，有些女孩还和社会上的人有来往，小小年纪，刚上初二，就搞这些名堂，这怎么得了？若放任不管，后果可能难以把控。想到这，张老师下定决心解决这一问题。

有段时间，张老师发现班上有个女生和校外的人谈男女朋友，有一天，张老师在收发室碰到那女生。

"你在外边交男朋友了吗？"与此同时，她用严肃的目光审视眼前这位女同学的脸色。

"没有。"女同学不安地回答。

"没有？若是我拿出证据来呢？"张老师说着，拿出女同学的信，在女同学面前晃了几晃。

"这只是我朋友写给我的信。"女同学有些心虚地说。

"朋友？那你敢拆开给我看看吗？你的那位男朋友我都看见好几次了。"

在这种情况下，女学生两眼喷火，恨不能上前咬这位特别"负责任"的老师一口。

张老师为这事，确实操碎了心。

听完女儿讲的故事，梁太太深深地叹一口气，她对女儿说："人说，可怜天下父母心，可老师不也为学生操碎了心吗？"

心理分析

可能不少青春期的女孩都和故事中的这位女孩一样，厌恶对自己管得过于严格的老师。其实，不管老师做什么，他的出发点都是为了学生，希望学生能成人成才。

作为父母，可能你也发现，女孩与哪个老师关系比较融洽，就会喜欢上哪门课，哪门成绩就好；如果与哪个老师关系不和谐，也会殃及那门课，这大概也是爱屋及乌的反映吧。学生的大部分时间都在学校里，就免不了和老师交往。

为此，我们父母在教育女孩时，不但要督促其努力学习，还要帮助女孩理解老师的辛苦。

专家建议

我们可以从以下几个方面教育孩子和老师搞好关系：

1.教育女孩尊重老师，尊重老师的劳动

一次调查中发现，同学们最喜欢的老师是热爱学生、理解学生的老师。其实，理解是相互的，学生需要老师的理解，老师同样需要学生的理解。一位老师十分感慨地说："清贫、艰辛、工作任务繁重其实算不了什么，最伤脑筋的是某些学生只要求老师理解他们，而他们却一点也不去想想该怎样理解老师。"

因此，我们要告诉女孩：不管老师怎样严格要求你，你都要理解老师、尊敬老师，见到老师要礼貌地打声招呼。另外，用实际行动尊重老师的劳动：上课认真听讲，不破坏纪律，把老师留的作业保质保量地完成。尊敬老师，尊重老师的劳动，是师生和谐相处的基本前提。

2.培养女孩勤学好问、虚心求教的品质

如果你的女儿认为"那个老师并不怎么样""他的水平太低了"，那么，你要告诉孩子："等到你长大以后，你会知道这种看法和想法是多么天真。因为不管老师水平到底怎样，但老师之所以能成为老师，必当够格教你知识，老师在学问、阅历等某方面的水平肯定是高于你的。所以，要向老师虚心求教，好问不仅直接使学习受益，还会增多、加深和老师的交流，无形中就缩短了与老师的距离，每个老师都喜欢肯动脑筋的学生。"

3.告诫女孩犯了错误要勇于承认，及时改正

人无完人，青春期的女孩都会犯错，老师都能理解，并都愿意指正女孩的失误。而有的女孩明知自己错了，受到批评，即使心里服气，嘴上也死不认错，与老师搞得很僵。也有一些女孩，"一朝被蛇咬，十年怕井绳"，受过老

师一次批评心里就特别怕那个老师，认为他是对自己有成见。

对此，你要告诉女孩："错了就是错了，主动向老师承认，改正就是好学生。老师不会因为谁有一次没有完成作业，有一次违反了纪律就认为她是坏学生，就对她有成见。"

4.教导女孩正确对待老师的过失，委婉地向老师提意见

在有些女孩心里，老师就是完人，老师不应该犯错，实际上，这种想法是不正确的。老师也是人，也会犯错，也会有失误。其实，根本不存在没有缺点的人。老师不是完美的，如果他有的观点不正确，或误解了某个同学，甚至有的老师"架子"比较大，或是太严厉，这都是可能的。

我们要教导女孩："如果你发现老师的不足要持理解态度，向老师提意见语气要委婉，时机要适当，老师会感激你的指正。如果老师冤枉了你，不要当面和老师顶撞，这样不但不利于问题的解决，还会恶化师生的关系。暂且冷静冷静，等大家都心平气和再说。"

总之，我们要让女孩明白，老师是她们的第二个家长，要尊敬、爱戴你的老师，和老师搞好关系，因为与老师关系融洽既可以促进学习，又可以学到很多做人的道理，会使自己一生受益无穷。

10

了解生理变化，引导青春期女孩保持生理心理健康

每个女孩到了青春期后，生理和心理上都会发生一系列的变化，如月经初潮以及性意识的萌动。她们开始渴望与异性交往，希望引起异性的注意，但青春期是积累知识的年纪，是为理想和目标努力的年纪，过早地恋爱对青春期的女孩身心发展都不利。当女儿进入青春期后，父母一定要多与女儿进行沟通，帮助她们了解生理和心理的变化。当发现女儿有早恋倾向时，要对她进行巧妙引导和沟通，做女儿的知心朋友，聆听她的心声，让她在父母的支持帮助下走出情感的旋涡！

■ 引导青春期女孩正视身体变化

家长的烦恼

费太太有个女儿叫飞飞,已经十三岁了。平时,费太太会帮女儿安排好生活上的所有事,对女儿的成长问题,她比谁都关心。

这天早上,费太太看飞飞收拾书包上学去,那天明明是飞飞生理期的第二天,飞飞却没有装卫生巾,费太太就提醒她:"你不拿'那个'吗?"这是为了给飞飞面子,飞飞爸爸在家的时候,怕孩子尴尬,"那个"就成了母女之间的暗号。

"什么呀?"飞飞爸爸居然问了起来。

"我和女儿说话呢,你别插嘴。"

"不带了,没事儿,我走了。"飞飞怪怪的,没说完就出门了。

到了学校,飞飞坐立不安的,也不上厕所。好朋友洋洋看她不对劲,就过来问,在生理期的事情上,洋洋比飞飞有经验:"你是不是好朋友来了,不舒服啊?"

"不是,是因为我想上厕所换卫生巾,可是昨天我去换的时候,有几个低年级的女孩老是看着我,然后还指指点点的,好像我是个怪物似的。我现在一想到厕所里的情形,我就不想去上厕所了。所以,早上出门的时候,我故意不多带个卫生巾,想要晚上回去再换。"

"哈哈,你怎么能这样呢?我刚开始也是这样,那段时间,我闻到厕所经血的气味就恶心,更不想在学校换,因为那些低年级的女孩子,什么都不懂,以为我们是做了什么坏事才流血的。其实没什么,月经又不是什么坏事,相反,不及时更换卫生巾才更容易滋生细菌,容易生病,到时候就不好了。你一会儿给你妈打个电话,让她给你送来吧。"

飞飞听完这些以后,就立即给费太太打了电话。

青春期的这些女孩们心思还真是多。于是,费太太顺便把一些卫生巾的使用知识一并告诉了女儿,例如,卫生巾怎么用,多久换一次,卫生护垫能不能天天用等。

心理分析

月经是女性的一种正常生理现象,青春期的女孩伴随着身体的不断成熟,必然会面临月经到来如何处理的问题。月经是指有规律的、周期性的子宫出血。月经初潮是由于女孩子生理发育达到一定程度,子宫内膜在卵巢分泌的性激素的直接作用下出现的剥离出血现象。正常的月经不是通常意义上的出血,你不妨把经血看成机体代谢后排出的"废品"。月经又称为月事、月水、月信、例假、见红等,因多数人是每月出现一次而称为月经。近年来,对月经的俗称有所增加,如坏事儿了、大姨妈、倒霉了等。实际上,月经是青春期女孩的好朋友。

青春期的女孩一般对月经没有什么经验，不知道什么时候快来月经了，常常被这"不速之客"弄的措手不及，其实，在来月经前，是有一些生理上的反常的。

由于月经前体内性激素突然减少，会影响全身系统，导致身体出现一定的反应。这些反应一般在月经前7~14天出现，来潮前2~3天加重，行经后症状逐渐减轻和消失。医学上把这些变化比较明显的症状叫经前期紧张症。

当然，对于青春期的女孩来说，她们在身体上的变化还有很多，面对这些变化，她们可能会感到困惑、难以启齿甚至手忙脚乱。作为父母，尤其是母亲，应该帮助孩子正确认识身体上的发育。

专家建议

我们要告诉女儿的是：

一般而言，女孩子的青春期变化分为以下5个阶段，但是有些孩子可能出现得早些，有些可能晚些，不是完全按照下面的时间表完成的，不必担心。我们可以告诉女儿：

8~10岁，除了个别早熟的孩子，这个年龄段青春期还未真正开始；你还没有出现乳腺发育，也还没有长出阴毛；大多数女孩对男孩还没有真正的兴趣。

11~12岁，青春期的变化开始出现；你的乳房开始变大，乳头开始突出，阴部逐渐开始长出阴毛，臀部开始变得更宽，声音与原先相比有些低沉，你也可能出现月经。

13~14岁，这时大部分孩子开始出现规律的月经，你不再像以往那样长高或者长得很快，但你的身体仍然会出现很多变化；你的乳房会发育得更加丰满。

15~16岁，从现在开始，你的感情生活发生了显著的改变，男孩成为你关注的重点，你对男孩子越来越有兴趣，同时，你也对自己越来越自信。

17~18岁，你现在差不多是一个发育完全的年轻女子了，而不再是一个女孩。身体的各个方面都发育成熟，如无意外，将来不再会有更为明显的改变。同时，你的感情世界则将继续发展，并不断走向成熟。

处于青春期的女孩，因个人体质、遗传因素和环境等诸多方面的差异，身体发育的年龄也不同。作为父母，除了要保证女儿的身体营养外，还应做好孩子的心理指导，从而让女儿坦然接受自己身体的变化。

■ 父母如何给女孩正确的性教育

家长的烦恼

周末的一天，秦太太和女儿丹丹在家看电视连续剧，说实话，丹丹最讨厌看这种又臭又长的电视剧了，但在家实在无聊，就勉强与妈妈一起看。

现代都市的情感剧免不了一些"少儿不宜"的镜头，以前在看到男女接吻的时候，丹丹总是遮住自己的眼睛，觉得很害羞，而秦太太如果看到丹丹在的话，也会马上换台。可这次，丹丹居然目不转睛地盯着电视，秦太太一下子意识到女儿长大了，孩子对"性"开始有了懵懂的意识了。

"妈，男人与女人为什么要亲嘴？结了婚为什么就生小孩了？我又是怎么来的？"女儿一连串的问题让秦太太不知道怎么回答，她明白，是时候告诉女儿这些性知识了，"性"的问题，不能对女儿避而不谈了，孩子终归是要长大的。

"丹丹啊，其实呢……"

心理分析

的确，我们的女儿在一天天长大，昨天的她还是一个在父母怀里撒娇的小女孩，今天她已经亭亭玉立了；昨天的她还是一个和邻居小男孩抢零食的小姑娘，今天的她看见了男孩都会退避三舍……此时，性健康教育成为摆在很多家长面前的一道不可回避的难题。我国目前社会文化价值观相对混乱，青春期的性教育已成为无法回避的问题。

然而，面对这个问题，大人们似乎总是很害羞，大多数家庭仍然是谈"性"色变；有一部分思想开放的家长想给孩子提前进行性教育，却又欲说还"羞"，不知从何说起。

有调查表明，青少年性知识70%来自电视网络、同伴之间的谈论交流或课外书籍，来自家庭的却只有5.5%，而有36.4%的母亲在女儿第一次来月经之前，没有告诉女孩该如何进行处理。报刊杂志、影视、文艺书籍等社会性信息有着强烈的刺激和诱惑，如果女孩再受到同伴之间错误的性知识的干扰，很容易造成女孩性观念和性行为的偏离。

可见，结合青春期女孩身心发育不同阶段的特点，及时进行性生理、性心理、性道德等知识教育，满足青春期的女孩渴望获得性知识的需求，是社会、学校和家长不可推卸的责任。

专家建议

我们家长要认识和做到：

1.家长应转变观念

青春期性教育是人生教育不可缺少的一课，对女孩进行必要的青春期性教育是社会文明进步的体现。

青春发育是人生必经之途，由于性成熟而出现的对性知识的渴求和对异性的向往是自然的。青春期女孩十分需要从正面渠道（当然包括孩子的父母）获得有关性与生殖健康的知识。如果封闭了正确的性知识，不但不能起保护作用，反而使她们从其他渠道接受片面的、似是而非的甚至错误的内容，妨碍其身心健康的发展。青春期教育如果出现缺失和失误，在女孩成长史上就会留下无法弥补的遗憾。

2.正面教育

很多家长为了避免女孩产生性尝试的欲望，往往从消极面教育孩子，如不健康的性行为会导致艾滋和其他疾病等。当然，告诉女孩这些是必要的。但我们更要注重正面教育，要告诉女孩，正当的性是人类美好的东西。

当女孩向我们提出性问题时，作为家长，不要恐慌，这证明你的女儿已经长大了，应该为之高兴。同时，如果你的女儿做了一些诸如自慰之类的事时，我们既不要大喊大叫，也不要痛斥她们是什么"坏"孩子。自慰不会使孩子性狂热，性无知和羞怯才会对她们产生消极的影响。

3.充实自己的性知识，为女孩解疑答惑

为什么许多家长与女孩谈论性问题时感到困难或者无从回答？这其中一个主要的原因是，家长自身对这些问题也很迷茫。事实上，正是因为家长们对这些问题避而不谈，导致了他们对性知识的了解也有限，因此，家长应该学习一些有关性方面的知识来充实自己，了解一些与性教育有关的知识。有了比较足够的知识准备，与女孩谈论性问题时才会有自信心。父母亲的自信心是轻松而

有效地实施性教育的关键。

4.以自然的态度面对女孩的问题，恰当回答

青春期女孩已经有辨别的能力，因此，在灌输女孩正确的性教育前，家长自身应先有正确的思想，而后才能教导女孩正确的观念，提供适当的性教育，使孩子在很自然的情况下，吸收性知识。另外，对女孩好奇的一些常规问题，家长既要如实相告，又不能太复杂，否则，只会让孩子更困惑。如人是怎样出生的？父母可以从植物的角度讲起，接着联系到人的"性"与生殖，也可以从动物的生殖活动进行示范性比喻，浅显地介绍人类生殖的生理，有助于女儿弄清问题。

在传统的教育中，父母总是避讳和孩子谈"性"的问题，而让女孩自己去摸索，这往往使许多女孩因一时的"性"好奇而犯下错误。父母是孩子性教育的启蒙者，以自然、正常的态度，教导她们正确的性观念，才不会让她们从一些非正规的渠道了解，才不会让她对"性"有错误的想法和观念，你的女儿才会身心健康地成长！

■ 正确应对青春期女孩的"早恋"

家长的烦恼

我们先来看一段母亲和女儿的对话：

"孩子，其实妈妈明白你的心情，妈妈也是过来人，在你这么大的时候，也喜欢过一个人，那时候，他经常来学校找我，并对我无微不至地照顾，我发现自己爱上他了。可渐渐地，他不再关心、接近我了，我伤心欲绝，学习成绩更是一落千丈。"

"后来怎么样了呢？"女儿好奇地问。

"后来，就在那段时间，我们学校转来了一个新同学，他开朗、乐观，成为了我的同桌，我们无话不谈，一起学习、交流心得，很快，他帮助我走出了那段情感的阴影。你知道这个人是谁吗？"

"不知道。"

"他就是你爸爸啊，我们很快相爱了，但是我们并没有沉浸在爱情的幸福中，而是约定要一起考大学，一起追求梦想，后来，我们大学毕业后就结婚了……"妈妈沉浸在甜美的回忆中。

"爸爸太棒了！"女儿赞叹地说。

"是啊，不然我怎么会喜欢他。那你的那个他呢？"

> "我不知道,但他长得很帅气。"女儿脸红了。
>
> "孩子,妈妈也给你一个建议:你不妨和他做个约定——你们要一起考上大学,等你考上大学之后,如果你还是这么认为,那么你不妨开始一段美丽的爱情。在这之前,你可以跟他做很好的朋友。"女儿点点头答应了。

心理分析

故事中的妈妈是通情达理的,然而,在我们的生活中,面对青春期女儿的早恋问题,大多数家长的反应都是火冒三丈,然后"棒打鸳鸯",而最终结果是,女儿越来越坚信自己的选择,甚至做出更加"出格"的事。

家长的理解是女孩接受家长建议的前提。因此,作为家长,我们不妨放下架子,与女儿来一次促膝长谈,帮助她脱离早恋的苦恼,从那段青涩的爱情中走出来。

早恋,即过早的恋爱,是一种失控的行为。对于青春期的女孩来说,她们可以对异性心生爱慕,但必须学会控制这种心理的滋长和蔓延,更不要早恋。早恋,不仅成功率极低,而且意志薄弱者还可能铸成贻害终身的大错。

在教育孩子的过程中,很多家长认为,对于青春期的女孩,一定要严加看管,否则孩子很容易陷入早恋的泥潭,于是,女儿与异性说话都成为他们捕风捉影的信号。实际上,女孩进入青春期渴望与异性交往,是青少年身心健康发展的重要标志。如果没有这种心理需要,反而要打个问号了。再说,异性交往并非必然陷入恋情,更可能是同学、师生、朋友、合作伙伴等多种人际关系。而即使女孩真的早恋了,作为父母,我们也不应干涉太多,否则,只会起到反作用。

因此，作为父母，对于女儿早恋的行为，一定要保持理性。

专家建议

1.冷静理智，决不能打骂女孩

作为父母，我们要理解女孩在青春期渴望与异性交往的心情，当女孩真的早恋时，也不能打骂女孩，早恋也绝非洪水猛兽。

2.用引导代替苦口婆心地劝导

现实生活中，我们常常见到这种现象：一些青春期的女孩陷入早恋，父母的干涉非但不能切断两人之间的感情，反而使之增强。父母的干涉越多、反对越强烈，恋人往往相爱就越深。为什么会出现这种现象呢？这是因为，人都是自主的，青春期的孩子也开始有了一定的独立意识，他们开始关注异性，而父母越是反对，他们越是偏向选择自己的恋人。因此，深谙此理的父母绝不会苦口婆心地劝阻自己的女儿，因为他们知道这只会让他们关系更紧密。

我们的女儿会不断长大，自然会出现一些心理波动，作为父母，我们不妨采取一种讨论的态度，和女孩平等地讨论爱情，让她明白青春期是积累知识的时期，对异性的好感并不是爱情，并采取一些方法强化女孩的家庭归属感，让女儿重新把精力集中到学习上来。

3.让女孩明白异性之间交往的分寸

我们不妨直言不讳地告诉女孩，青春期想接近异性的身体并不可耻，但一定要把握分寸，大胆、大方地与异性交往，即使对异性有好感，也只能把它们作为一种美好的愿望，珍藏在心底，等自己真正长大成熟时，它会以百倍的力量、热情、成熟来迎接你！

总之，我们要让女孩明白的是，中学时代是打基础时期，将来从事何种事业还没有定向，她们今后的生活道路还很长。当女孩能正确处理青春期的"爱情"时，也就能把握好人生的舵，不会过早去摘青春期的花朵。

■ 帮助女孩走出失恋的阴影

家长的烦恼

有一天，林太太和女儿小燕在一起看电视，播到一则新闻：某校初三男生赵强对本班一名女孩爱慕已久，在暗恋三年以后，他终于鼓起勇气给那名女孩写了封情书，却被女孩拒绝，于是，男孩一气之下，因爱生恨，将女孩毁容。

看到这里，林太太就试探性地问女儿："你在学校有没有喜欢的男孩子啊？"

"没有，我怎么可能呢？不过这个男孩真是变态哦，怎么能这样呢？可是，如果失恋了怎么办呢？"小燕一脸疑惑。

林太太说："青春期的孩子对爱情并没有什么理性的认识，更缺乏稳定爱情观的支持，随着时间和空间的变化，他们可能会'爱'上别人，因此，一般来说，青春期恋情多数是很短暂的，也是流动性最大和最容易发生变化的。今天看你好，明天可能就不好；今天在这个环境喜欢这个，换一个环境又会有新的恋情。所以，虽然我不能说得太绝对，但基本上，青春期的爱情都是不成熟和欠考虑的，不是真正的爱。很多少男少女都是情窦初开，开始对异性同学产生倾慕的心理，这是很正常的，但要以正确的方法去处理这些事情，青春期恋情是不合时宜的，要学会跳出来看这份不成熟的感情。青春期的恋爱影响学习和目标实现，其结果是梦中的甜蜜，梦醒后的苦涩！而当跳出这份感情，理性地分析看待青春期恋情时，就不至于盲目地、糊涂地去爱了。"

"哦，我明白了，原来是这样。"

心理分析

的确，随着青春期的到来及对情感的懵懂理解，青春期的孩子会很容易搭上早恋这班列车。但同时，也可能有不少青春期女孩会有失恋的经历，例如，好不容易下定决心送出的情书被退回以后，心灰意冷，自我价值被否定，以为是世界末日来了，提不起精神学习，没有心思生活，更有偏激的女孩，对异性报复打击，或者自我伤害。

青春期的感情是很单纯的，一旦认为自己喜欢上某个人，会钻牛角尖。对此，父母不但不能横加指责，还要帮助女孩走出失恋的阴影。

专家建议

具体来说，父母可以这样和失恋的女儿沟通：

1.平心静气，不能打骂女孩

作为父母，我们要理解女孩青春期渴望与异性交往的心情，当女儿真的失恋时，要给予宽慰，而不是打骂她，早恋也绝非洪水猛兽，失恋的女孩更需要父母的引导。

2.帮助孩子转移视线

父母可以告诉女儿，不要将眼光始终放在那位异性身上，不妨改做一些有意义的事，去做自己喜欢的事情，做什么可以忘掉这种感情就去做什么，哪怕是暂时的。因为，本身青春期所谓的"喜欢"就是暂时的，而时间是治疗的良方，很多人随着时间的推移就淡化和忘掉了。比如，跑步就是很好的转移失恋带来的消极情绪的方法，运动的过程可以发泄失恋带来的不良情绪。

其实，青春期恋情没有那么可怕，"恋爱像出水痘，出的越早，危害越小"。这句话是有一定道理的，恋爱是孩子们成长路上必经的一个过程，没有经过爱情的人是不成熟的，在恋爱的过程中，接触异性、了解异性，也是有助于她们自身的发展和完善的，这是她们心理成熟的过程，是成长的代价，她们会在情感挫折中越来越成熟。从辩证的、发展的角度去看青春期恋情，有时就不会那么如临大敌了，就可以平和应对和解决了。

但这些并不意味着青春期的女孩就可以肆无忌惮地不顾学习而恋爱。努力学习，为目标奋斗，始终是青春期的主要任务。努力提高自己，让自己成熟起来，才能在成人之后，用更加成熟的眼光去发现适合的人生伴侣。

■ 指导青春期女孩如何拒绝求爱

家长的烦恼

游太太的女儿莉莉已经十五岁了，出落成了一个漂亮的大姑娘，但最近莉莉遇到了一些烦心事。游太太和女儿之间从来都没有秘密，于是，她决定和女儿好好谈谈。

莉莉说，跟与自己关系好的男生就这样做"哥们儿"挺好的，但暑假的一个晚上，他在网上给自己留了一封情书，写得很长，足足有几千字。

"要不你就接受吧。"游太太开起了女儿的玩笑。

"什么，你开玩笑吧，这时候还拿我寻开心。"

"要拒绝是肯定的，但我觉得你不能直接拒绝他，毕竟你们以前的关系那么铁，他人也很好，人家写这份情书，也是需要巨大的勇气的，要是直接拒绝，肯定很伤害他，你们就连朋友都做不成了。"

"是啊，我担心的也就是这个，他经常帮我忙，我真的只是拿他当好朋友，那你说我怎么办啊？"

"写一封信，拒绝的信，但一定要注意，态度要坚决，语气要委婉。"

> "对哦，这样很好，能避免当面拒绝的尴尬。可你知道，我的文笔很差劲，该怎么写？"
>
> "拿笔来，妈妈帮你，有我出手，还怕搞不定？"

心理分析

情书恐怕是很多男孩向女孩子表达爱意的方式，青春期是情窦初开的年纪，当接到异性递来的情书时，女孩脸红心跳是正常的现象，但一定要理智，不要抱有"有一个异性追求我，看我多有本事"的显摆心理而四处炫耀，这是不负责任的，伤人也会伤己；也不能因为害怕伤害对方而犹豫不决，让彼此都无心学习；更不能不顾对方的脸面，不注意说话方式而直接拒绝，甚至告诉周围的人。

故事中的游太太的做法是明智的，作为父母，我们也可以告诉女孩：你可以给对方认真地回一封信，劝对方放弃这种念头，抓紧宝贵时光用心学习。如果对方一而再、再而三地穷追不舍，你可以写信告诉对方：如果再这样，就去告诉老师。只要你的态度坚决而明确，通常对方也就会放弃了。

一般来说，青春期女孩面对异性的追求，既欣喜也会苦恼，苦恼的根源在于她们既想拒绝这一爱情表白，又怕伤了对方的心。尤其在对方与自己有深厚友谊时，这苦恼就来得更为强烈。因为一旦拒绝，友谊很可能会随着一句"对不起"而消逝。然而，我们必须告诉女孩，不管多么困难，不能接受的爱情总是要加以拒绝的。

为此，父母要教导女儿拒绝异性追求一定要选择合适的方法和时间。

专家建议

1.态度要坚决，不能模棱两可

父母要告诉女儿："拒绝对于对方来说难免是一种伤害，但不能因此而犹豫不决。因为这样会造成不必要的误会，对彼此都会造成伤害。既然是对你有好感、追求你的人，对你的言行都非常敏感，不要给他任何希望，才会让他知难而退。"

2.学会不伤自尊地拒绝对方

当然，这也是要根据对方的性格和人品而言的。

如果对方是道德品质好、真心实意求爱的异性，如果你希望能维持彼此间的友谊，你就要注意自己说话的方式，尽量减少拒绝给对方带来的心理伤害，也使对方更易于接受，要设法维护对方的心理平衡，尽量减少对方的内心挫折。要让对方明白，你拒绝他并不是因为他不够好，而是因为自己的原因。具体说来，你不妨先对对方的人品和才华等加以赞许，然后说明你为什么不能接受求爱的理由；说出的理由要合乎情理，最好从对方的角度提出有利的方面，让对方觉得拒绝也是为了他好。

3.选择合适的时机

合适的时机是对方求爱一段时间后，一般来说，不要在对方刚表白了爱情时立即加以拒绝，因为此时对方很难接受；但也不可拖延太久，给对方造成误会。当然，具体选择什么时机，要视具体情况而定。

4.选择恰当的方式

应该考虑到你们平时的关系和对方的个性特点，选择冷处理，或面谈或书信等方式，但不要采用托人转告的方式，也不要在公共场合，因为这显得对对方不够尊重，还可能带来不必要的麻烦。

　　上述几点是父母要告诉给女儿的关于真心拒绝异性的求爱时要注意的。另外，还要让女儿明白的是，如果对方无理纠缠，可以求助于同学、老师、家长甚至学校领导，对此不要害羞，更不要胆怯。

11

追星与时尚，教会青春期女孩正确认识个性美

古人云："爱美之心，人皆有之。"这一点，在青春期的孩子尤其是女孩身上尤为明显。自我意识尚未完全建立的她们，对"美"的概念比较模糊，她们认为时尚的、潮流的就是"美"的。青春期的女孩追星、爱打扮并无过错，但如果疯狂追星，以为奇装异服、浓妆艳抹就是"美"，就是愚蠢的，这不但会影响到女孩的学习，还会浪费钱财、消磨时间，甚至使女孩形成错误的价值观。为此，我们父母要从青春期女孩的心理特点入手，引导女孩认识什么是真正的美，进而让女孩从盲目追星、追潮流的误区中走出来。

■ 正确看待女孩对奇装异服的喜爱

家长的烦恼

王先生的女儿叫王文，她是同龄的女孩中始终走在"时尚前沿"的一个。这不，这一个星期天，她并没有和同学一起出去玩，而是"失踪"了一天，到晚上的时候，她神采飞扬地跑来找好友媛媛，对媛媛说："怎么样，我这头发颜色好看吗？"

"你把头发染了？"媛媛诧异地问。

"是啊，你不是看见了吗？怎样，我这颜色？"王文还在炫耀着。

"你不怕你爸妈扒了你的皮？我们才十几岁呢。"

"大不了一顿骂，我们这个年纪不打扮，会被人认为老土的。你看，我们学校好多初一、初二的女孩都把头发染了，我们做师姐的应该带头嘛。"王文开着玩笑。

"可是，你明天怎么面对老师呢？万一老师要你染回去怎么办？"

"是哦，我怎么没想到呢？我爸妈的话可以不管，老师可不是好惹的，要真是让我染回去，我就说我这是定型定色的，染不回去了，他也没办法。"

"我劝你还是染回去吧，染发好像对身体不好哦，我们上网查查吧。"

上网搜了很多资料后，王文的确看到好多关于青少年染发伤身体的评论，当天晚上，她就跑到理发店，恢复了头发的颜色，为这事，王文花去了一个月的零花钱，后悔不迭。

心理分析

青春期的女孩们逐步接受大人的一些做人做事、穿着打扮的方式，另外，随着广告、媒体、娱乐的宣传作用，很多女孩追求个性、时尚的生活方式，开始盲目追星，开始喜欢穿一些奇装异服，开始喜欢表现自己的个性魅力，喜欢出头。青春期是接受新事物的年纪，作为父母，我们一定要指导女孩有所选择地接受，对于外界对女孩的影响，要告诉她们学会取其精华，去其糟粕，然后为自己所用。

"爱美之心，人皆有之"，女孩更是如此，每个女孩都希望自己可以打扮得阳光、漂亮一点，每当穿上买的新衣服，心里总是美滋滋的，走起路来也特别有神气。但青春期女孩一般都还是学生，她们正在求学的时期，又没有经济收入，穿戴方面不宜赶潮流、追时髦，只要衣着整洁，朴素大方即可。

专家建议

作为父母，我们有必要指导女孩学会阳光地打扮自己：

1.告诉女孩几点基本的着装要求

①要干净整齐,不能邋遢有异味。

②不能穿拖鞋,更不能赤脚。

③不能戴有色眼镜。

④衣服扣子要系好,要衣着整齐。

⑤不要奇装异服,和学生的身份不符。

⑥不要染发、打耳钉,不要盲目和同学攀比、追求名牌。

2.让女孩学会一些正式场合的穿衣方法

作为未来成熟女性,青春期的女孩也需要提前了解一些正式场合的穿着打扮。细细说来,需要了解以下几个方面:

(1)根据出入的场合穿衣

作为女性,我们可以这样更换自己的服装:出席朋友宴会时,可以穿庄重的长裙;约会时可以穿青春活泼的短裙配外套;出门旅游或上街购物可以穿干净整洁、看上去精神利落的牛仔服;晴天可以穿亮颜色的衣服,阴天则穿浅颜色的衣服……这样,你每天都可以把自己打扮得明快靓丽,无论是上班还是走在大街上,你都会是人们心目中一道美丽的风景。

而在正式场合,女士着装,不要过于杂乱、过于鲜艳、过于暴露、过于透视、过于短小、过于紧身。以下几点"禁忌"尤其要注意:

①禁穿黑色皮裙。在商务场合,不能穿着黑色皮裙,否则会让人啼笑皆非。

②禁光脚。正式场合穿裙装,但是穿套裙不穿袜子,有可能会让人误解。

③禁"三截腿"。穿半截裙子时,不要穿半截的丝袜,容易导致裙子一截、袜子一截、腿肚子一截,这会使你的形象大打折扣。

（2）看体型，穿适合自己的衣服

不少女孩认为，只要是美丽的衣服就适合自己，实际上并不是如此。我们要根据自己的体型选择服装，还要适当掩盖自己的缺陷。

一些会穿衣的女孩，她们在外表上并不胜于他人，但只要我们稍微定神就会发现，她们身上会散发出一种貌不惊人的美，这种美是由内及外的，更多的是体现在穿戴上，她们总是能引来别人更多的关注，她们更容易成为社交场合的焦点。

（3）衣着打扮也应恰到好处

当然，穿戴也不应当过分，要尽量大众化。所谓大众化，就是自己的穿戴不要与他人格格不入，否则，就容易使自己鹤立鸡群，显得难堪。

现在很多人在着装的时候为了标新立异，往往穿得非常暴露。其实，正规社交礼仪要求人们不要穿过于暴露的服装。尤其是在正式场合，尽量不要穿袒胸露背、暴露大腿、脚部和腋窝的服装，更不要在大庭广众之下赤裸着胳膊。

另外，无论服装还是化妆，要打扮得恰到好处而又不失韵味。人们接受时尚是需要过程的。衣着打扮需要有度，既不要太落伍，也不要太时髦。

爱美是没错的，但打扮一定要得体，要适当，才显出美和可爱。不同年龄、不同身份的人有不同的形象要求。总之，我们要让青春期女孩明白的是，青春期本身就是美丽的，不需要任何刻意的修饰。

■ 帮助青春期女孩改变攀比的习惯

家长的烦恼

每次开家长会后,很多家长都会向学校和老师反馈一些教育难题。这不,就有一些初一的家长和老师们交换意见了:"我女儿每个星期天一回到家,就会对我提出各种要求'同学们都买新球鞋了,我的球鞋一点儿也不好看,更不是名牌,太丢人了,我要买双名牌鞋。'"

这位家长刚说完,其他家长也跟着附和起来了:"我女儿说'我的电脑太旧,人家笑话我是老牛拉破车。你什么时候给我买一台新的?'"

"女儿大了,有了攀比心理,这我理解。但是家里经济条件并不太好,孩子每次提出要求,我都很为难。请问,有什么方法可以既不伤害女儿的自尊,又能消除她的攀比心理?"

"现在的孩子怎么了,做父母的不容易啊,为他们提供这么好的学习环境,怎么还要求这要求那的呢?"

"是啊……"

这些家长们七嘴八舌地说了起来。

心理分析

随着物质生活的逐渐改善，金钱和物质的熏染已经蔓延到青春期孩子身上，其中也包括青春期女孩。而一些爱面子的女孩之间的攀比现象无处不在、无时不有，不同年龄、不同家庭背景的女孩，都有基于自身特点的攀比之心。一般情况下，这种攀比都是物质上的、盲目的。

攀比深深地渗透于原本质朴的女孩的生活和学习过程中，影响着她们的思想、学业和行为，很多家长也不堪经济重负，纷纷喊累。

因此，家长对女孩过于讲究穿着的现象不能掉以轻心，任其自然发展，更不能盲目迁就，助其发展，而应该加强对女孩健康的审美教育，正确引导，帮助她们克服不良消费观念和消费行为，形成正确的消费观念和消费行为。

专家建议

1.以身作则，为孩子树立榜样，提高自身审美情趣

青春期的女孩虽然已经有独立的意识，但很多行为观念还是受父母影响的，尤其在审美情趣上，如果父母也盲目追求名牌或者奇装异服等，女孩自然上行下效。例如，妈妈如果告诉女儿："这件衣服虽然不贵，但穿在你身上还是很好看的！"这样，女儿就会认为，不一定衣服贵才好看。

另外，很多家长有炫富心理，认为现在生活条件好了，不必省吃俭用，孩子是自己的招牌，让孩子吃好、穿好，面子自然就有了，其实，这也是对女孩的思想观念的一种误导。

2.转变女孩的攀比兴奋点

任何人都有争强好胜的思想，谁也不想落后，孩子也一样，尤其是已经有独立自主意识的青春期女孩，她有攀比的心理，说明她内心有竞争意识，想达到别人同样的水平或者超过别人。家长要抓住这种上进心理，改变女孩比吃、比穿的消费倾向，引导孩子在学习、才能、毅力、良好习惯等方面进行竞争。

当然，家长要注意的是：改变攀比兴奋点不是一件容易事，要重在引导，而不是生拉硬拽地让女孩转移自己的攀比兴奋点。例如，当女孩和同学比穿着的时候，有的父母生硬地说："人家有钱，我们家没钱，有本事你就和人家比学习，将来超过他，赚大钱了自己买新衣服。"这样的话只能让女孩感到不如他人，甚至产生自卑心理。

3.让女孩学会自己和自己比，促进女孩进步

人们通常都会将自己和他人比，于是，就会产生自卑等情绪。事实上，如果我们能告诉女孩，让她和自己比。例如，让女孩今天和昨天比，这个月和上个月比，本学期和上学期比。在比较中，女孩会看到自己的进步：原来不认识的字现在认识了，原来不会骑自行车现在也会了……这些比较可以让女孩获得自信，并在欣赏自己的过程中努力超越他人。

4.正面教育女孩，把攀比变成女孩健康成长的推动力

作为父母，应教育女孩集中精力搞好学习。通过教育使女孩明白自己是一名学生，而学生的主要任务是学习，应把主要精力放在学习上。女孩攀比，你可以告诉她，她应该与同学比成绩、比品德等，而不是比吃穿，以德服人才是真正的优秀。这样，女孩就会把攀比的焦点放在学习上了。

5.帮助女孩充实内在，淡化虚荣心

有些父母认为，女孩的首要任务就是学习，当然，这是正确的，但青春期也是女孩人生观、价值观的形成期，作为父母，不要把全部的眼光放在提高女孩的学习成绩上。只有充实女孩的内心世界，她才不会盲目与人攀比。例如，你可以为女孩购买一些能充实其内心的书籍。

总之，攀比是很正常的心态，每个人或多或少都有攀比心，包括成人。良性的攀比能使人奋发。但作为青春期的女孩，如果不经父母的帮助和指点，很容易盲目攀比而误入歧途。因此，家长要引导女孩，不要让女孩在物质上比，而是要比学习、比品德、比做人的本领、比对集体的奉献、比各自的理想、比自己的特长，在这样一种良性的竞争中，你的女儿一定会健康地成长！

■ 引导青春期女孩正确认识"美"

> **家长的烦恼**

杨太太在向老友们谈到自己的女儿时,说到这样一件事:

一个星期天,她打算和丈夫一起,带上女儿去看望在另一个城市的姐姐,可女儿说自己不怎么舒服,想在家看电视,她叮嘱完女儿自己注意安全后,就出门了。

刚出路口,她突然发现手机忘带了,就准备回家取,回去的时候,几道门都没关,她心想,这丫头,也不怕家里进小偷,刚嘱咐的就忘了。她正准备进房间拿手机,却发现女儿正在自己的梳妆台旁边涂她的睫毛膏,看见妈妈进来,女儿不知所措,吓的手一抖,把眼皮都弄黑了。

"琳琳,你在干什么?"

"我看见班上几个女孩子都已经开始用口红和粉底了,想看看自己化妆了以后是不是也会变漂亮。可又怕您不同意,就想趁您不在家的时候,自己化妆看看,可我不会用。没想到您突然就回来了,要不,您什么时候教我吧,我以后还可以参加一些聚会呢。"

杨太太一言不发就走了。临出门的时候,说了一句:"要记得锁门。"

杨太太的老友说:"人家琳琳也不是小孩子了,可以化妆了,你不教孩子化,人家只能偷着化嘛。"

"姐,那你说错了,琳琳还小,用那些成人用的东西对身体不好,再者,也不适合她这个年龄。晚上回去,我得好好跟她说说。"

晚上回家后,杨太太便给女儿上了一堂关于青春期是否能用化妆品的课。

心理分析

爱美是每个女孩的天性,很多这个年龄段的女孩开始化妆,认为这是跟上时尚和潮流的一大表现。但对于青春期的女孩来说,真正的美丽是纯真的,本真的才是最美的。作为父母,尤其是母亲,应该告诉女儿,青春期是身体发育欠完善的时期,这些行为对身体有着诸多害处,我们不要让女孩青春的花儿过早地凋谢!

专家建议

我们需要对青春期女孩做出引导:

1.应该告诉女孩青春期化妆的一些危害

进入青春期,人的生理会发生一系列变化,特别是随着内分泌功能的变化,少女的皮肤会变得洁白细腻,富有光泽和弹性。楚楚动人的美丽肌肤,关键在于保养，而不是化妆品的覆盖。

一般来说，女性18岁以后就可以用化妆品了。而青春期的女性是指12~18岁的女生，还没成年就尽量不用化妆品，因为化妆品中或多或少含有一些有毒的化学物质，对人体总是有一定程度的影响。而且，化妆品的质量还参差不齐，质量差的化妆品对人体的伤害更大。因此，别看其他女生也在用就去学她们，在青春期，女孩的皮肤是最好的，自我调节能力好，尽量不要用化妆品，用一些温和的护肤品就好！

2.告诉女孩一些护理皮肤的方法

随着环境污染的加重，加之青春期户外活动多，空气中的粉尘落到脸上，而涂在脸上的化妆品中的粉质、油脂等阻碍了皮肤的呼吸，给皮肤带来不良刺激，因此，我们应告诉女儿，在回到室内的时候，应注意及时清洗。清洗时可用温水和香皂，而不必过分强调用洁面乳等。清洗干净后，干性皮肤也可涂些水性乳液，但应适量。

另外，有些少女长了痘痘后，出于爱美之心，便选择多种治疗粉刺的化妆品，"多"管齐下，以为这样肯定能消除恼人的痘痘。也有一些女孩为了掩盖住痘痘，会涂一些粉底，结果是事与愿违，使皮肤更差，痘痘越来越猖獗。防治粉刺，其实关键在于皮肤清洁，保持毛孔畅通，注意少食辛辣刺激性食物。因为痘痘的出现，尽管其发生与多种因素有关，但主要是与内分泌、皮脂分泌旺盛和面部不洁、过度使用化妆品有关。

总之，我们要让女儿明白的是，我们能理解她们爱美的心情，但什么样的年龄就应该具有什么样的美，青春期的这种美是天然、富有朝气的，是用任何化妆品和人工的修饰都无法达到的！

■ 青春期女孩最好别穿高跟鞋

家长的烦恼

佟女士的女儿茗茗一直被同伴们称为"假小子",但奇怪的是,最近一段时间,茗茗迷上了一本少女杂志,她突然很想把自己转变成一个"女孩子",于是,她存了一个多月的零花钱,准备买一双高跟鞋。

一天,邻居一家正睡午觉,楼道里"咚咚咚"走路的声音把他们吵醒了。邻居打开门一看,发现正是茗茗。他们看着茗茗的"转型",简直惊呆了,以前的"假小子"一下子变成了一个美丽的少女。

佟女士也听到动静,从家里出来,看到女儿穿着一双高跟鞋,看到茗茗的模样,她准备跟女儿好好谈谈。

经过一番了解,原来事情是这样的:茗茗每次看着走在T型台上的模特,总是羡慕不已,因为她们总是穿一双美丽的高跟鞋,能使身材显得更加高挑。茗茗也跟妈妈提过,希望能买一双高跟鞋,但佟女士一直没答应。这不看到杂志上的模特,她的心里更痒痒了。

她对佟女士说:"妈妈,我有好多裙子,配高跟鞋更好看,你看,这是我自己存钱买的,你应该不会反对吧。"

> "穿高跟鞋的确很好看，可是不适合你们这个年龄啊，而且，还有一些危害。"
>
> "什么危害？"
>
> "我不是危言耸听……"

心理分析

女人大多都爱高跟鞋，仿佛它有神奇的魔力，能让女人瞬间变得有自信。高跟鞋是衬托女性挺拔秀丽身段和时尚的元素之一，是女人一生无法抗拒的诱惑，穿上高跟鞋，重心前移，挺胸收腹，显得健美、轻盈，风姿绰约，于是，很多女孩和故事中的茗茗一样，早早地穿上了高跟鞋。其实，作为父母，我们也知道，青春期的女孩是不宜过早地穿高跟鞋的，对女孩的这种爱美心理，我们一定要及时引导。

专家建议

1.告诉女儿，过早地穿高跟鞋会引起骨盆和足部形态发生变化

（1）阻碍骨盆生长

骨盆是人体传递重力的重要结构，穿平底鞋时，全身重量由全足负担；穿高跟鞋时，全身重量主要落在脚掌上，这样就破坏了正常的重力传递负荷线，使骨盆负荷加重，容易引起骨盆口狭窄，给以后的分娩带来困难。穿高跟鞋还有可能使骨盆发生不易觉察的移位，影响骨环的正常结合，导致骨盆畸形。

（2）影响足骨的发育

足骨的发育成熟大约在15～16岁。鞋的大小直接影响足骨的生长，严重的会让足部产生变形。过早地穿高跟鞋会使足骨按照高跟鞋的角度完成骨化过程，容易发生跖趾关节变形、跖骨骨折及其他足病，这些病都会引起足部疼痛，严重时会影响行走、活动。

有调查显示，长期穿高跟鞋的女性，腿部、会阴和下腹部的肌肉总是处于紧张状态，这直接影响到了盆腔的血液循环，使盆腔性器官的正常生理功能受到不良影响。

因此青春期的少女不宜穿高跟鞋，特别是那种跟高7～8厘米的高跟鞋。女孩平时以穿坡跟鞋或跟高不超过3厘米的鞋为宜，这样能有效减轻腿部承受的压力。

你可以这样告诉女儿："我知道你长大了，开始爱美了，可能很多和你们同龄的女孩子都开始有一两双高跟鞋，但你们要知道高跟鞋对青春期的女孩危害很大。青春期的到来，并不代表你们已经发育成熟了，这是一个过渡期，很多成年女性拥有的'权利'对于你们来说还为时过早，等到你们真正成熟之后，再去享受成年的美好，也为时不晚。"

2.向女孩传达"青春期女孩自然最美"的审美观念

女孩想穿高跟鞋，主要还是因为追求时尚，认为时尚的就是美的，我们要在生活中潜移默化地让孩子明白，什么样的年纪，就该有什么样的美，青春期，自然的才是美的。

参考文献

[1] 马利琴.好父母和女孩沟通的100个细节[M]. 北京：北京理工大学出版社，2015.

[2] 姜弦植.懂心理学的妈妈都很了不起[M]. 北京：人民邮电出版社，2021.

[3] 彭清清.女儿青春期，爸妈要懂的沟通技巧[M]. 北京：中国纺织出版社，2020.

[4] 赵奕.如何说孩子才会听；怎么听孩子才会说[M]. 北京：民主与建设出版社，2018.